LA OPCIÓN TEOLÓGICO-POLÍTICA
DE S.S. FRANCISCO

ASDRÚBAL AGUIAR

Miembro de la Real Academia Hispanoamericana
de Ciencias, Artes y Letras de España

Doctor Honoris Causa de la Universidad del Salvador de Buenos Aires
Ex Ministro de Relaciones Interiores de Venezuela

LA OPCIÓN TEOLÓGICO-POLÍTICA DE S.S. FRANCISCO

Relectura del pensamiento de
Jorge M. Bergoglio, SJ

Ediciones EJV International
Caracas, 2015

©   Asdrúbal Aguiar
Todos los derechos reservados
Email: asdrubalaguiar@yahoo.es

ISBN Obra Independiente: 978-980-365-321-7
Depósito Legal lf54020153402824
1ª edición, Agosto 2015

Editado por: Editorial Jurídica Venezolana
Avda. Francisco Solano López, Torre Oasis, P.B., Local 4, Sabana Grande,
Apartado 17.598 – Caracas, 1015, Venezuela
Teléfono 762.25.53, 762.38.42. Fax. 763.5239
http://www.editorialjuridicavenezolana.com.ve
Email fejv@cantv.net

Impreso por: Lightning Source, an INGRAM Content company
para Editorial Jurídica Venezolana International Inc.
Panamá, República de Panamá.
Email: ejvinternational@gmail.com

Diagramación, composición y montaje
por: Francis Gil, en letra Times New Roman, 14
Interlineado: Múltiple 1,1, Mancha 11,5 x 18

Jorge Mario Bergoglio, SJ

*A Luis M. Ugalde s.j., cuya solidaridad fragua
mi encuentro con Jorge M. Bergoglio s.j.*

A mi madre Aura, memoria de mis raíces

A Mariela, realidad de presente y mi compañera de éxodo

*A Paola, Camilo, María Andrea, Juan Andrés y
Santiago Andrés, frutos de la esperanza*

ÍNDICE GENERAL

LIMINAR 13
INTRODUCCIÓN 23
    La crisis del liberalismo constitucional................ 25
    Desde el Cardenal Bergoglio a Laudato Si' 30
I.   LOS DISCURSOS DE PAPA FRANCISCO EN HISPANOAMÉRICA 35
    Ecuador... 37
    Bolivia... 39
    Paraguay 42
    Recapitulación 47
II. EL MENSAJE PONTIFICIO DEJA INTERROGANTES. 53
III. EL MAGISTERIO SOCIAL EN SU TRADICIÓN. 57
IV. UNA ENTREVISTA QUE DESPEJA CAMINOS. 65
V. ANTROPOLOGÍA POLÍTICA EN EL PADRE JORGE Y EN EL CARDENAL BERGOGLIO 69

A. **Reflexiones en esperanza** 71
    El servicio a los pobres y la renuncia del servidor 71
    El diálogo unitario en la oración y desde la patria 73
    El tiempo en la historia y el sentido de la persona humana 76
    Ver a Dios en la historia: Libertad y liberación .. 79
    La política como problema pastoral 81
    Antropología política para nuestro tiempo 87
    El método de diálogo 91

B. **La Nación por construir.** 94
    Un pensamiento que tenga memoria de las raíces 95
    La utopía del presente: Refundar el pueblo 97
    Dibujar el futuro desde la Nación 104
    Ponerse la patria al hombro 107

VI. ALGO MÁS QUE ANOMIA GLOBAL, EL PELIGRO DE LA POSDEMOCRACIA. .. 111

EPÍLOGO NECESARIO: EL PADRE JORGE, JESUITA Y MISIONERO DE LA LIBERACIÓN. 117
    A manera de replica 123

APÉNDICE: COLOQUIO DEL SANTO PADRE CON LOS PERIODISTAS DURANTE EL VUELO DE REGRESO DE ASUNCIÓN A ROMA (13 DE JULIO DE 2015) 129

LIMINAR

La afirmación, durante el curso de la última década, de regímenes inspirados en una corriente que ellos mismos califican de Socialismo del siglo XXI y otros definen como populismos autoritarios o dictaduras de nuevo cuño, o acaso suerte de experiencias que, inspiradas en los paradigmas de la Revolución comunista cubana no obstante reivindican la vía electoral para su instalación en Hispanoamérica, algunos analistas la asumen como inherente a la quiebra contemporánea de la experiencia democrática liberal, incluso bajo su formulación como Estado social de Derecho.

Venezuela ha sido el primer laboratorio de este fenómeno rupturista de su continuidad histórica, y de cerca le han seguido, con sus particularidades, Ecuador y Bolivia; países éstos recién visitados por el Papa Francisco, quien a la sazón y a propósito de distintos encuentros que sostiene con sus gobernantes y la feligresía, critica de manera abierta al capitalismo y la globalización, reivindica la opción preferencial de la Iglesia por los pobres, y postula como obligación misionera acompañar a los movimientos populares y de base que asumen protagonismo dentro de las inéditas realidades políticas que se suscitan actualmente en el mundo Occidental.

Dejando de lado lo anecdótico, la reacción no se ha hecho esperar. En lo particular, observadores, sectores intelectuales y columnistas de opinión que rechazan o han sido víctimas de persecución por parte de los gobernantes de los mencionados países, sugieren sorprendidos una suerte de parentela entre la narrativa del Sucesor de Pedro y la de éstos, que el propio Fidel Castro define de comunismo a secas.

Otros, desde la perspectiva teológica, mirando los signos que deja la anterior visita papal a Brasil, una de las cunas de la célebre Teología de la Liberación, precisan que el pensamiento del Papa argentino se inscribe cabalmente dentro de la versión localista que le otorga a esa perspectiva el Episcopado del que formara parte – conocida como Teología del Pueblo – pero desnudándola de resabios marxistas.

Sea lo que fuere, es propósito de las notas que siguen, propiciar una relectura o acaso hacer recensión, primordialmente, de dos libros o textos fundamentales que ilustran, a cabalidad, sobre el pensamiento antropológico político de Jorge Mario Bergoglio, el sacerdote jesuita, más tarde Cardenal Arzobispo de Buenos Aires; visto éste a la luz de sus discursos como cabeza de la Iglesia Católica universal durante la gira apostólica que motiva la señalada controversia y que al mismo tiempo preocupa a quien esto escribe.

No se trata de una relectura con propósitos o desde un ángulo teológico preciso, salvo la mención señalada, sino con vistas a discernir acerca del "credo" político del Santo Padre, considerando sus amplísimas reflexiones sobre el papel que le corresponde al Evangelio en la política.

No huelga, a todo evento, precisar las polaridades o los extremos que se confunden dentro de un diálogo que, a mi juicio, ha de ser bienvenido y adquiere relevancia epistemológica y práctica, pues hace relación directa con los desafíos de la posmodernidad, dentro del ámbito de anomia social y política que hoy acusa el mundo, en lo global y en sus vertientes nacionales.

La realidad política venezolana bajo el Socialismo del siglo XXI, al margen de sus concreciones, que no pocos ponen en duda, queda claramente definida en el catálogo de los principios que adoptaran sus propulsores, finalmente y luego de dos lustros de avances y retrocesos, en 2010:

> "El fracaso del neoliberalismo pone al descubierto y obliga a la revisión de su verdadera cara en lo político: el viejo modelo democrático liberal burgués basado en la democracia formal, representativa y fundamentalmente política y donde el derecho a elegir, ser elegido y votar, son suficientes...A comienzos del siglo XXI la humanidad ha ingresado de lleno en la encrucijada

más riesgosa de su historia. El capitalismo en la fase imperialista ha tocado sus límites y se ha reafirmado, con sus políticas de desarrollo neoliberales y su modelo de influencia mediática, como el principal enemigo de la humanidad... La historia del mundo y muy claramente la experiencia venezolana, demuestran que el capitalismo, en la era del imperialismo en crisis, lejos de acabar con la pobreza, en su devenir irracional, la aumenta cada día, mostrando al mundo que detener al Imperialismo y construir el socialismo, asumiendo el pueblo el poder, para la trasformación del modo de producción capitalista, es la única salida y meta racional, necesaria y posible en esta encrucijada de la humanidad... El socialismo es la verdadera manera de retomar el profundo significado de la democracia, con el desarrollo del poder popular al máximo, como forma más acabada de la democracia participativa y protagónica, de la participación de las masas populares en la construcción de la nueva sociedad, donde el poder del pueblo organizado legitima y potencia las acciones hacia una sociedad humana y unida...".[1]

Al efecto, con vocación hegemónica y disposición a gobernar sin alternabilidad, el partido que hace suyas tales

---

[1] Declaración de principios (Partido Socialista Unido de Venezuela), 2010: http://www.psuv.org.ve/wp-content/uploads/2010/06/Declaracion_principios.pdf.

consideraciones, a partir de la fecha indicada se declara oficialmente: Anticapitalista y Antiimperialista, Socialista y Marxista, asimismo Bolivariano.

Por su parte, con relación al Papa Francisco y por lo pronto – dada la acción de releer que se propone de su pensamiento – basta con precisar dos datos de interés, que aporta en su diálogo con los periodistas que le acompañan en su viaje de regreso a Roma.

Preguntado sobre sus simpatías por el gobernante ecuatoriano, el Papa afirma: "No conozco los intríngulis de la política del Ecuador y sería necio de mi parte que diera una opinión… Hay historias de guerra… Ecuador no es un país de descarte. O sea, que [lo que he dicho] se refiere a todo el pueblo y a toda la dignidad de ese pueblo que, después de la guerra limítrofe, se ha puesto de pie y ha tomado cada vez más conciencia de su dignidad y de la riqueza de la unidad en la variedad que tiene… Porque esa misma frase –me comentaron, yo no lo vi– fue instrumentalizada para explicar ambas situaciones: que el gobierno ha puesto de pie a Ecuador o que se han puesto de pie los contrarios al gobierno. Una frase se puede instrumentalizar y en eso creo que hay que ser muy cuidadosos… Un texto no se puede interpretar con una frase. La hermenéutica tiene que ser en todo el contexto. Hay frases que son justo la clave de la hermenéutica y hay frases que no, que son dichas de paso o plásticas. Entonces, ver todo el contexto, ver la situación, incluso ver la historia.

Luego, al referirse a su apoyo a los movimientos populares, precisa que "Soy yo el que sigo a la Iglesia en esto, porque simplemente predico la Doctrina social de la Iglesia a este movimiento. No es una mano tendida a un enemigo, no se trata de un hecho político".

Y en cuanto a la teología de la liberación, pregunta que suscita la prensa a raíz del obsequio de una escultura por el presidente boliviano al Papa, que muestra el cruce del comunismo con el cristianismo, dice Francisco, in extensu que: "Era un tiempo en el que la teología de la liberación tenía muchas variantes diferentes, una de las cuales era con el análisis marxista de la realidad, y el Padre Espinal [autor de la escultura] pertenecía a esta. Eso sí lo sabía, porque en aquel tiempo yo era rector en la Facultad de Teología y se hablaba mucho de esto, de las diversas variantes y de quiénes eran sus representantes. En el mismo año, el Padre General de la Compañía de Jesús, Padre Arrupe, mandó una carta a toda la Compañía sobre el análisis marxista de la realidad en teología, un poco parando esto, que decía: No, no va, son cosas diversas, no va, no es adecuado. Y cuatro años más tarde, en el 84, la Congregación para la Doctrina de la Fe publicó el primer documento, pequeño, la primera declaración sobre la teología de la liberación, que crítica esto. Después vino el segundo, que abrió las perspectivas más cristianas. Estoy simplificando. Hagamos la hermenéutica de aquella época. Espinal era un entusiasta de este análisis marxista de la realidad, y también de la teología, usando el marxismo. De ahí surgió esta obra".

Las críticas intelectuales del Papa al capitalismo y al liberalismo no son un secreto, como tampoco es o se le puede señalar, como podrá verse en la relectura siguiente de sus escritos, como un militante en la banda de los totalitarismos, sean fascistas, nazistas, comunistas e incluso confesionales, a los que igualmente rechaza de modo consistente.

Si cabe alguna referencia omnicomprensiva de su ideario o mejor, de su propuesta para la reconstrucción de la Nación a partir de lo social, desafío acuciante a la luz de las realidades globales dominantes y extraña, tal propuesta, a lo político coyuntural, como podrá verse en lo adelante es de neta inspiración *guardiana*. Bebe Jorge Mario Bergoglio, durante su vida sacerdotal, de las fuentes intelectuales del teólogo italiano Romano Guardini, quien desarrolla su vida docente y como presbítero en Alemania, es víctima del nacional-socialismo, y cultiva su vida interior desde una atención penetrante de la cultura de su tiempo: "Nuestro tiempo – dice éste – a pesar de todo su escepticismo, anhela una interpretación de la vida cotidiana a partir de lo eterno".

Así que, al conocer de modo directo la experiencia de la Primera Gran Guerra (1914-1918), advierte la quiebra del "mito del eterno progreso", base de la modernidad, que exalta el dominio del conocimiento científico, del poder técnico y de lo real como correlativo de la mayor felicidad del hombre. Y reconstruye una visión antropológico-política a partir de lo "concreto-viviente", en donde aprecia que el hombre se muestra dominado por contrastes que revelan ritmo y medida pero de un modo polifónico. Ninguna de sus notas, partes o experiencias puede ser escindida o aislada o desconocida, sino que todas a una toman sentido en el todo y el todo a su vez en las partes. Lo que le lleva al rechazo de las polaridades y advertir el carácter relacional del mundo y su complejidad: "Mis ponencias – dice Guardini – se centraron en los problemas que entonces preocupaban al mundo católico e impresionaron mucho a los oyentes... Entonces se me hizo claro cuál era mi verdadera tarea: no la de llevar adelante la investigación en una determinada disciplina teológica, sino la de interpretar la realidad cristiana con responsabilidad científica y a un alto nivel espiritual".

Leer a Guardini es también leer a Francisco en su aproximación teológico política. "Poco a poco me había ido quedando claro que existe una ley según la cual, el hombre, cuando conserva su alma, es decir, cuando permanece en sí mismo y acepta como válido únicamente lo que le parece evidente a primera vista, pierde lo esencial. Si por el contrario, quiere alcanzar la verdad y en ella su auténtico yo, debe darse", debe expandirse hacia los otros, desde sí hacia lo total, son las palabras del primero. Somos, todos y cada uno, "seres de encuentro". Por lo que concluye el teólogo italiano que fuera profesor en Tubinga y en Múnich, afirmando que a fin de captar las realidades en su plenitud de sentido, cabe recordar que "el hombre consiste esencialmente en diálogo... la vida espiritual se realiza esencialmente en lenguaje"; teniendo presente, eso sí y a propósito del diálogo sobre las cosas, que "la cosa es, la idea vale. La cosa, la fuerza tiene una realidad masiva; la idea tiene fuerza de validez".[2]

Y si algún laboratorio de la experiencia logra descubrir por sí mismo el Padre Jorge, a la luz de esa perspectiva intelectual aprendida, es el de los jesuitas mártires rioplatenses, como podrá verse al final de estas apuntaciones; a propósito del que habla por vez primera, pero advirtiendo el anacronismo de la expresión, de teología de "liberación cristiana", destacando su ejemplaridad.

---

2   Alfonso López Quintás, *Romano Guardini*, Philosophica, Enciclopedia filosófica on-line, 2006/2015.

INTRODUCCIÓN

"Dad al César lo que es del César. Dad a Dios lo que es de Dios", predica el Evangelio para afirmar, si observamos la tradición veterotestamentaria, la neta separación entre los asuntos mundanos, relativos a la *polis* y la *política*, de aquellos que nos trascienden como seres humanos e hijos de la Creación.

No obstante ello, una interpretación cabal del texto citado querría decir, mejor, que Dios hizo al hombre libre y le dio discernimiento, situándole como señor de la Naturaleza; de donde mal puede éste atribuirle a su creador los yerros en que ocurre, obra de su volición y en su tránsito o éxodo terreno. Mas, lo cierto es que Dios también se nos presenta, a tenor del Antiguo Testamento, como el señor de la historia: "Yo los libraré de los trabajos forzados que les imponen los egipcios, los salvaré de la esclavitud a que ellos los someten, y los rescataré con el poder de mi brazo, infligiendo severos y justos castigos" (*Éxodo* 6, 6).

En su primera encíclica, *Lumen Fidei*, redactada a dos manos con Benedicto XVI, su predecesor, dice Francisco que "la fe no aparta del mundo ni es ajena a los afanes concretos de los hombres de nuestro tiempo". De modo que, la fe, la luz que precede a nuestra existencia e ilumina la razón, que por sí sola no basta con su luz autónoma y finita, tanto como apunta hacia la afirmación de la dignidad humana – del cual y no del que, de quién y no de la cosa, refiere – "permite valorar la riqueza de las relaciones humanas, su capacidad de mantenerse, de ser fiables, de enriquecer la vida en común".

Y he aquí una primera inflexión de importancia política que propicia el pensamiento pontificio citado: "En la modernidad se ha intentado construir la fraternidad universal entre los hombres fundándose sobre la igualdad. Poco a poco, sin embargo, hemos comprendido que esta fraternidad, sin referencia a un Padre común como fundamento último, no logra subsistir"; justamente, por cuanto bajo la primera perspectiva, lo refiere *Lumen Fidei*, cede o se posterga lo que privilegia la fe, a saber, el descubrimiento de "la dignidad única de cada persona, que no era tan evidente en el mundo antiguo".

De allí que la enseñanza viene de suyo. "Si hiciésemos desaparecer la fe en Dios de nuestras ciudades – de la *polis* en la que se desenvuelve y encuentra sentido la política – se debilitaría la confianza entre nosotros, pues quedaríamos unidos sólo por el miedo" o bajo los criterios de la utilidad. No por azar, la idea del Leviatán, del Estado artificial como dios laico, obra del pensamiento hobbesiano, se apalanca sobre el criterio del *homo homini lupus*, el hombre como lobo del hombre, originario del escritor latino precristiano Plauto, en su Comedia de los asnos: "*Lupus est homo homini, non homo, quom qualis sit non novit,* Lobo es el hombre para el hombre, y no hombre, cuando desconoce quién es el otro".³

"Pero no se trata de predicar un eticismo reivindicador, sino de encarar las cosas desde una perspectiva ética, que siempre está enraizada en la realidad", como lo advierte el Cardenal Jorge M. Bergoglio, hoy Papa Francisco.

La crisis del liberalismo constitucional

Ahora bien, tras la crisis del liberalismo constitucional que forja la Ilustración a finales del siglo XVII y comienzos del siglo XVIII – determinando los derechos del hombre y del ciudadano, que el Estado ha de garantizar –e incluso en su modulación sucesiva como Estado social de Derecho durante el siglo XX – cuyo desiderata es además el reconocimiento de la igualdad de derechos que el propio Estado y la sociedad han de favorecer sobre todo en el orden social y económico –parece llegado o se advierte el

---

3   Tito Maccio Plauto, *Asinaria* (Comedia ridiculosa di Plauto intitolata Asinaria tradotta de latino in volgare in terza rima e rapresentata nel Monasterio di Santo Stephano in Venetia con gran diligétia revista novamente stampata), Venezia, Nicolo d'Aristotile detto Zoppino, MCXXX.

final de los Estados[4], ejes centrales para la composición de los conflictos y la afirmación de la identidad y seguridad de las personas a lo largo de la modernidad. A la vez o por vía de consecuencias se entroniza el relativismo social – fundado en un supuesto y novísimo derecho de cada hombre a "ser diferente" y no ser, por ende, discriminado por su diferencia; lo que es distinto a su carácter uno y único como experiencia vital carenciada.

Al igual que en *Así habló Zaratustra*, nuestra contemporaneidad – que se mueve entre la globalización de la indiferencia, que acerca pero no dialoga, y los egoísmos propios al desarraigo y la multiplicación de las localidades humanas – predica la muerte de Dios como fundamento y teleología del orden humano, por ser expresión de lo absoluto; sea el Dios de las escrituras o del "animal artificial" hobessiano. Sobreviene, así, el "todo vale" bajo un ambiente de absoluta neutralidad ética y secularizada que se instala y hasta rechaza a quienes profesen creencias o dependan de las ideas para avanzar y perfeccionarse; esas que en lo adelante deben ocultarse o matizarse para no ofender al naciente dogmatismo laico "no discriminatorio", ni de credos ni de "cosmovisiones caseras": como el hacer invisible la cruz – es la controversia entre los euro-

---

[4] Véase nuestro libro, *La democracia del siglo XXI y el final de los Estados*, Caracas, La Hoja del Norte, 2015.

peos, a fin de no incomodar a los estudiantes musulmanes o judíos en las escuelas.

Joseph A. Ratziger como Jorge M. Bergoglio, los Cardenales, *mutatis mutandi* parecen coincidir en este diagnóstico. El último, a propósito de una visita *ad limina* junto a sus hermanos de la Conferencia Episcopal, en 2009 alerta al primero – ya Papa Benedicto XVI – sobre el "escándalo de la pobreza y la exclusión social" en su patria, Argentina, y entiende que el desafío radical por asumir y tras el que toman fuerza dichas manifestaciones, es la "profunda crisis de valores de la cultura". A lo que agrega con lucidez: "En la raíz misma del estado actual de la sociedad percibimos la fragmentación que cuestiona y debilita los vínculos del hombre con Dios, con la familia, con la sociedad y con la Iglesia", bases de su identidad. Reconoce, en suma, la anomia social y política dominante en el pórtico del siglo en curso. De allí, como se verá, su apelación intelectual permanente a la Utopía de la refundación y las ideas del regreso a las raíces con fundamento en la memoria (*Refundar los vínculos sociales*); del diálogo basado en la captación común de la realidad, tal cual es, sin prevenciones ideológicas y como punto de partida para la elaboración de las ideas (*Cultura del encuentro*); y finalmente, ayudados por lo anterior, del coraje para avanzar hacia el futuro, creciendo en pluriformidad y en unidad de valores, lejos de perspectivas homogeneizadoras o totalizantes (*Libertad en la madurez*).

Antes de su elección y en vísperas de fallecer Juan Pablo II, el Cardenal alemán describe y explica, a su vez, que "él – el hombre – ha medido las profundidades de su ser, ha descifrado los componentes del ser humano y ahora es capaz, por así decir, de construir por sí mismo al hombre, quien ya no viene al mundo como don del Creador, sino como un producto de nuestro actuar... No es más que imagen del hombre", señala. Y enuncia, en paralelo, los grandes problemas planetarios que se suman a dicha ruptura epistemológica: "la desigualdad en la repartición de los bienes de la tierra, la pobreza creciente, más aún el empobrecimiento, el agotamiento de la tierra y sus recursos, el hambre, las enfermedades que amenazan a todo el mundo, el choque de culturas".

Advierte, yendo a lo fundamental, que todo ello es obra actual de un desequilibrio "entre las posibilidades técnicas y la energía moral". Lo atribuye al intento de radicalización de la "cultura ilustrada" en el siglo XXI, que contiene – lo aclara, no obstante – "valores importantes de los cuales, nosotros, precisamente como cristianos, no queremos ni podemos renunciar". Y los enuncia, al efecto, como los derechos de libertad, la libertad religiosa y de expresión u opinión dentro de los límites del respeto a la primera, el ordenamiento democrático con sus controles parlamentarios y la independencia de la Justicia, la tutela de los derechos del hombre y la prohibición de discriminaciones. Pero sostiene que, siendo la libertad y la no discriminación parte de esos valores defendibles legítimamente, ocurre ahora un mal entendimiento de los mismos – como la inflación o el desbordamiento de la llamada «no discriminación» – que está destruyendo las bases y fundamentos de la misma libertad y la propia Ilustración. "Una confusa ideología de la libertad conduce a un dogmatismo que se está revelando cada vez más hostil para la libertad", son sus palabras precisas en la conferencia que dicta – "Europa en la crisis de las culturas" – el primer día de abril de 2005, en el Monasterio benedictino de Santa Escolástica, cerca de Roma.

¡Y es que se trata – lo precisa Ratzinger – de una racionalidad sobreviniente que se juzga a sí "completa en sí misma", desatada de todo factor cultural, ético o trascendente! Empero, admite el surgimiento de un "nuevo moralismo" que acusa de vago y se desliza hacia la esfera político-partidaria, como pretensión dirigida a los demás y no como deber personal cotidiano de todo hombre, cuyas palabras clave son la paz, la justicia, la conservación de la creación, etc. Aclara, incluso así, que son "valores esenciales para nosotros"; pero a renglón seguido recuerda, en paralelo, el "moralismo político" de los años setenta del siglo pasado – ¿la teología de la liberación? – que lo tacha por "errado" y falto de "racionalidad serena" al poner "la utopía política más allá de la dignidad del individuo"; lo que aparenta ocurrir u ocurre otra vez con el Socialismo del siglo XXI latinoamericano.

Desde el Cardenal Bergoglio a Laudato Si'.

De modo que, como metodología de recomposición, anclada en lo evangélico, Bergoglio, durante ese encuentro con Benedicto XVI citado, propone "escuchar la llamada de Jesús a crecer como Nación"; es decir que, "ante el desarraigo, hay que retomar las raíces constitutivas para construir el futuro desde el presente", un presente memorioso – mirado sobre las raíces de la patria – pero afincado en la recuperación del rumbo. Es la nueva Utopía: lo que ves no es todo lo que hay, tal y como lo postula desde antes el Cardenal, en su opúsculo de 2005, *La nación por construir*.[5]

Francisco, sin embargo y por lo pronto, al darle mayor especificidad a sus enseñanzas como Sucesor de Pedro, lo que destaca ahora parece ser algo simple y concreto, a saber, la amenaza de los poderes globales o de la llamada ciudadanía global que todo y por todos decide. No lo dice así, exactamente, pero alude a esa «elite global» que desde las poltronas de los aeropuertos y en sus salones VIP, decide y condiciona el destino del género humano; lo sujeta a sus apetencias financieras o mercaderiles: "Los poderes económicos continúan justificando el actual sistema mundial, donde priman una especulación y una búsqueda de la

---

5 Cardenal Jorge M. Bergoglio, S.J., *La nación por construir: Utopía, pensamiento y compromiso*, Buenos Aires, Editorial Claretiana, 2005.

renta financiera que tienden a ignorar todo contexto", son sus palabras en *Laudato Si'*, su segunda encíclica[6].

En América Latina, cabe observarlo, ocurre una igual corriente anti-globalización bajo el paraguas de ese «socialismo de corte digital» y remozamiento supuesto del marxismo, que opone como realidad el poder legítimo de las mayorías. La verdad es decidida y fijada por éstas como dogma laico, por sobre la razón individual o de las minorías – para luego y con base en ella justificar y concentrar todo el poder político en manos de "comisarios" de nuevo cuño; gendarmes del siglo XXI quienes, en una suerte de tiempo posdemocrático ejercen sus poderes a través de las redes de comunicación instantánea que controlan, sin propósitos de alternabilidad, sobre prácticas populistas que, justamente, asumen como paradigma el antes señalado: El derecho a la diferencia y la consiguiente inflación en los catálogos de los derechos humanos fundamentales hasta comprender dentro de ellos la miríada de localidades y de nichos sociales primarios emergentes y disolventes de toda ética o cosmovisión universal. Se busca la seguridad en el "yo" popular ante la descrita muerte de la ciudadanía dentro del Estado y la práctica, como elemento de distinción, de la intolerancia, paradójicamente frente a todo aquel a quien consideran "distinto".

---

6   Carta Encíclica *Laudato Si'* del Santo Padre Francisco sobre el cuidado de la Casa Común, Tipografía Vaticana, 2015.

Es ésta, cuando menos, la realidad dentro de la Venezuela corriente y, con sus variantes, la de Ecuador y Bolivia.

En suma, como ejercicio de síntesis discursiva preliminar, el presente muestra y demuestra un cierre de la modernidad sin que se resuelva en favor de la premisa universal redescubierta – la dignidad inmanente e inherente de la persona humana – durante las dos grandes Guerras del siglo XX y como efecto contrario de los totalitarismos ideológicos que las animan; hoy enervada de un modo exponencial – tal dignidad, bajo el criterio particular y paradójico de la primacía del orden soberano de Estados declinantes, de franquicias políticas secuestradas por traficantes de ilusiones y bajo la alegada tesis de la autodeterminación de los pueblos. Y la posmodernidad se nutre, junto a la primacía del tiempo y su vértigo, de espacios o particularismos distintos de tales Estados y sus organizaciones políticas: Cavernas, nichos o retículas sociales, culturales, neo-religiosas, étnico-raciales, comunales, que trazan líneas punteadas y múltiples entre sí y dentro de aquéllos. Arguyen los miembros de éstas el carácter de desheredados de sus patrias de bandera – copio el giro pertinente de Miguel de Unamuno – y la búsqueda agonal de patrias sustitutas o de campanario. Ocurre, entonces, eso que describe y se da, según el jesuita Jorge M. Bergoglio, quien cita a los Hebreos (11:35-38): "Los que tal dicen, claramente dan a entender que van en busca de una patria; pues si hubiesen pensado en la tierra de la que habían salido, habrían tenido ocasión de retornar a ella".

De modo que, si todo lo anterior, como hipótesis es hecho no destilado – expresión propia del Cardenal argentino – la globalización de las comunicaciones y la Era digital predican algo más de fondo y pendiente de ser resuelto: crisis de la cultura y como trasfondo el cuadro de pobreza y las exclusiones dominantes, obra o consecuencia de aquélla; y ese algo, por lo mismo, parece difícil de reducirlo, como creemos, a una mera oposición contemporánea entre el poder omnímodo y destructor del César imperial sin rostro de nuestro tiempo y los pobres de Dios, huérfanos de afecto, sin patria que los acoja.

Las notas o apuntaciones que siguen, teniendo por motivo inmediato los más recientes discursos de Papa Francisco, en su primer viaje como pontífice a la América Española, ora para denunciar la "dictadura" del dinero, ora para condenar a las ideologías, son así una primera relectura o recensión del pensamiento social y político que a lo largo de su vida como jesuita y luego Cardenal le definen y acaso se proyecta sobre las realidades y desafíos que le plantea su actual mirada sobre lo mundial, desde el Vaticano, en un siglo que apenas avanza y donde lo relevante, a nuestro entender, es el dominio inmediato de tecnología de las comunicaciones y de la cultura digital como fuentes de articulación y construcción de ejes de poder inéditos; pero se trata de una Era distinta, extraña a lo conocido desde cuando nace la historia del hombre, cuyos moldes constitucionales esperan aún de ser definidos, en lo local y subsidiario como en lo global.

I
LOS DISCURSOS DE PAPA FRANCISCO EN HISPANOAMÉRICA

La gira apostólica de Papa Francisco, de julio del año corriente, cubre a tres países en los que rige hasta hora reciente – es el caso de Paraguay – o, con sus particularidades, permanece –son los casos de Ecuador y de Bolivia- un modelo de gobierno "democrático" de corte neomarxista, bajo una suerte de ideología remozada –en lo digital y mediante la explotación de sus redes– con anclaje en el modelo cubano comunista y su primer experimento en Venezuela; que algunos hemos calificado de demo-autocracias o autocracias electivas, otros de dictaduras del siglo XXI, pero cuyo denominador común es el populismo autoritario: el uso y la explotación sempiterna de los pobres como fuente y base del poder político personalizado.

Los discursos del Santo Padre, –situando de lado lo anecdótico – "le agradezco su consonancia con mi pensamiento" le dice al presidente ecuatoriano, Rafael Correa, o el obsequio que le hace Evo Morales de un escultura que cruza el símbolo del comunismo – la hoz y el martillo – con la cruz de Cristo – trazan líneas que algunos consideran inusuales o reinterpretan a la doctrina social de la Iglesia; en tanto que a otros, como el teólogo venezolano Rafael Luciani, les significa un cambio de perspectiva teológica y una reedición de la corriente argentina de la "teología del pueblo", que no busca el cambio de las estructuras sociales y políticas por sí mismas.[7]

Se trataría de una versión moderada o matizada – desnuda de referentes marxistas – de la célebre Teología de la Liberación forjada en América Latina a finales de los años '60 y sistematizada por el pastor brasileño Rubem Alves y el sacerdote peruano Gustavo Gutiérrez; teniendo en común sus distintas vertientes, según el teólogo argentino Juan Carlos Scanonne, exégeta de la citada teología que asume como suya la Conferencia Episcopal de la que hiciera parte el Cardenal Bergoglio, el teologizar a partir de "la opción preferencial por los pobres" y priorizar la realidad social e histórica del pobre como base del pensamiento, auxiliándose incluso por las ciencias humanas y no sólo por los Evangelios.

"Después de leer algunos pasajes del larguísimo discurso de Bergoglio ante grupos comunitarios bolivianos

---

[7] Rafael Luciani, "La teología del pueblo, según el Papa Francisco", 30 de julio de 2015 (http://www.aleteia.org/es/religion/articulo/la-teologia-del-pueblo-segun-el-papa-francisco-5808869938823168).

– escribe Antonio Sánchez García, filósofo y escritor de origen chileno – caí en cuenta de que el regalo de Morales no fue ni una provocación ni un insulto: lograr el perfecto sincretismo del anticapitalismo marxista y las enseñanzas del evangelio contenidas en el sermón de la montaña – la fábula de la aguja, el rico y el camello subyace a la esencia del odio a la riqueza y del anti judaísmo del cristianismo originario – parecen ser el logro que se ha propuesto el jesuita argentino. Lo ha dicho con perfecta claridad en un elogio de la pobreza digna del mejor Hugo Chávez, el de los comienzos; en un ataque contra el capitalismo del mejor Carlos Marx del Manifiesto; y en una denuncia de la riqueza y la globalización del mejor Lenin, el anti-imperialista".

¿Es esto así, sin otros matices o modulaciones?

Ecuador

En la apertura de su recorrido, desde Ecuador, Francisco repite consistente la doctrina social de la Iglesia y habla del pluralismo. Se refiere a "la inmensa riqueza de lo variado" – distinto del pueblo homogéneo o la colectividad amalgamada – que obliga al diálogo "con sinceridad y espíritu crítico"; a cuyo efecto defiende "las iniciativas individuales (que) siempre son buenas y fundamentales" pero demandando que la realidad se mire "orgánicamente y no fragmentariamente", eso sí, bajo una premisa: "La sociedad civil – no el Estado – está llamada a promover a cada persona y agente social para que pueda asumir su propio papel y contribuir desde su especificidad al bien común".

Así, por una parte, volviendo al diálogo recuerda su necesidad y su concreta finalidad en el presente histórico – "la participación de todos los actores sociales", sin exclusiones de ningún género– a fin de "llegar a la verdad" que no puede ser impuesta; y por la otra describe a esa perspectiva modélica como "democracia participativa"; en la que todas las "fuerzas sociales" son "protagonistas imprescindibles" – no espectadores – del diálogo y hace relación, según lo apreciamos, con la urgencia – son las palabras de Francisco – de que todos "nos animemos a pensar, a buscar, a discutir sobre nuestra situación actual, en concreto, sobre "qué tipo de cultura queremos o pretendemos no sólo para nosotros, sino para nuestros hijos y nuestros nietos".

La base de tal planteamiento es precisa y reside en su puesta en cuestión de la globalización del paradigma tecnocrático que tiende a creer "que todo incremento del poder constituye sin más un progreso, un aumento de seguridad, de utilidad, de bienestar, de energía vital y de plenitud de valores, como si el bien, la verdad, brotaran espontáneamente del mismo poder tecnológico y económico".

La superposición del diálogo fecundo – entre diversos – por sobre la automaticidad del poder queda así de relieve pero con una acotación papal que cabe releer en su contexto, a fin de que no resulte contradictoria con lo realmente afirmado: "La migración, la concentración urbana, el consumismo, la crisis de la familia, la falta de trabajo, las bolsas de pobreza producen incertidumbre y constituyen una amenaza a la convivencia social…"; de modo que el diálogo necesario ha "de procurar la inclusión, abrir espacios…, espacios de encuentro y así dejar en el doloroso recuerdo cualquier tipo de represión, el control desmedido y la merma de libertades".

Sea lo que fuere, es meridiano al observar que debemos "alejarnos de tentaciones de propuestas unicistas (sic) más cercanas a las dictaduras, a ideologías, a sectarismos".

¿La solución de la agobiante cotidianidad mediante el diálogo y el encuentro libera, y la atención del problema social cabe priorizarlo por sobre la libertad incluso aún a costa de la misma, tal y como lo proponen – sobre todo – los gobernantes de Ecuador y de Bolivia visitados bajo el alegato de la defensa de una democracia de finalidades y participativa, que posterga los elementos esenciales o condicionantes de dicha experiencia política: alternabilidad democrática, libertad de prensa, separación de poderes, Estado de Derecho, etc.?

Bolivia

En Bolivia, su segunda escala, Francisco afirma, seguidamente y ante las comunidades populares bolivianas reunidas en su II Encuentro Mundial, que "cuando el capital se convierte en ídolo y dirige las opciones de los seres humanos, cuando la avidez por el dinero tutela todo el sistema socioeconómico, arruina la sociedad, condena al hombre, lo convierte en esclavo, destruye la fraternidad interhumana, enfrenta pueblo contra pueblo y, como vemos, incluso pone en riesgo esta nuestra casa común, la hermana y madre tierra".

Es firme al repetir que "si la política se deja dominar por la especulación financiera o la economía se rige únicamente por el paradigma tecnocrático y utilitarista de la máxima producción, no podrán ni siquiera comprender, y menos aún resolver, los grandes problemas que afectan a la Humanidad". Y agrega, en consonancia con su prédica anti-globalizadora, que "es imprescindible que, junto a la reivindicación de sus legítimos derechos, los pueblos y organizaciones sociales construyan una alternativa humana a la globalización excluyente"; obviamente – reiterándose en su discurso – a través del diálogo, la colaboración ciudadana, la participación "sin excluir ni rechazar a nadie": "Sin diálogo no se encuentra ninguna solución a los problemas", son sus palabras, que a la par rechazan de plano el dirigismo como sistema.

Adelanta, a la vez y a propósito, su criterio sobre el rol subsidiario de las ideas en el plano de la vida humana, importando más el diálogo, en especial entre las localidades humanas más básicas: "Ese arraigo al barrio, a la tierra, al oficio, al gremio, ese reconocerse en el rostro del otro, esa proximidad del día a día, con sus miserias, porque las hay, las tenemos, y sus heroísmos cotidianos, es lo que permite ejercer el mandato del amor, no a partir de ideas o conceptos sino a partir del encuentro genuino entre personas, necesitamos instaurar esta cultura del encuentro, porque ni los conceptos ni las ideas se aman, nadie ama un concepto, nadie ama una idea; se aman las personas".

La teleología de todo ello la deja clara el discurso pontificio, a saber, "trabajar por el Bien Común", entendido con la doctrina social de la Iglesia como "el conjunto de condiciones de la vida social que hacen posible a los grupos y a cada uno de sus miembros conseguir más plena y fácilmente la propia perfección". Es el bien, en suma, que fundado en el carácter único e irrepetible de todo hombre, en su individualidad, está llamado a satisfacerlo pero en su "con-vivir en la red de nexos que aúna entre sí individuos, familias y grupos intermedios, en relaciones de encuentro, de comunicación y de intercambio", para asegurarse una mejor calidad de vida.

Pero se trata de un orden que no se produce, según Francisco, "sin una atención particular a la justicia distributiva: "Que la riqueza se distribuya, dicho sencillamente". Lo que postula, como cabe advertirlo, una idea superada, a saber que "el ciudadano, en su condición de sujeto activo frente al Estado, debe reclamar lo que le corresponde tanto en las cargas como en los beneficios establecidos por la comunidad", es decir, a cada uno según sus merecimientos y según sus necesidades. La doctrina social de la Iglesia, en efecto, da paso a otra idea, la de la justicia social, inspirada en Santo Tomás y que recoge como objeto propio, justamente al Bien Común. La primera asiste al individuo frente a la comunidad, en tanto que ésta asiste a la comunidad frente a los individuos. "El Bien Común es la finalidad; la justicia social es la norma", aclara Rafael Caldera.[8]

Finalmente, reconoce el Santo Padre lo positivo del avance político y constitucional boliviano – que sin mengua de sus especificidades propias logra armarse bajo el paraguas del Socialismo del siglo XXI: "Bolivia está dando pasos importantes para incluir a amplios sectores de la vida económica, social y política del país; cuenta con una Constitución que reconoce los derechos de los individuos, de las minorías, del medio ambiente, y con unas instituciones sensibles a estas realidades".

Paraguay

En discurso espontáneo, fijando límites a su argumentación precedente, quizás para discernir mejor sobre su perspectiva y separarla de quienes puedan usar o abusar de sus premisas para explotarlas en función de ideologías totalitarias – como la marxista – concluye Francisco desde Paraguay su mensaje a los países de Iberoamérica recordando que: "Las ideologías terminan mal, no sirven. Las ideologías tienen una relación o incompleta o enferma o

---

8 *Justicia Social Internacional* (Prólogo de Asdrúbal Aguiar), Biblioteca Rafael Caldera, Caracas, Cyngular, 2015.

mala con el pueblo. Las Ideologías no asumen al pueblo. Por eso, fíjense, en el siglo pasado, ¿en qué terminaron las ideologías?, en dictaduras siempre. Piensan por el pueblo, no dejan pensar al pueblo".[9]

La opción papal por la democracia se pone esta vez de manifiesto, pero va más allá de la mera defensa de la democracia de participación, que de buenas a primeras puede entenderse – a tenor de la narrativa del Socialismo del siglo XXI – como la prosternación de la democracia representativa, eje de la construcción política e institucional de las repúblicas en las Américas: "Paraguay se está comprometiendo en la construcción de un proyecto democrático sólido y estable. Y es justo reconocer con satisfacción lo mucho que se ha avanzado en este camino… para consolidar las estructuras e instituciones democráticas que den respuesta a las justas aspiraciones de los ciudadanos", afirma Francisco. A renglón seguido añade: "La forma de gobierno adoptada en su Constitución, democrática representativa, participativa y pluralista, basada en la promoción y respeto de los derechos humanos, nos aleja de la tentación de la democracia formal, que *Aparecida*[10] definía como la que se contentaba con estar fundada en la lim-

---

9   https://www.youtube.com/watch?v=6JVN32h10ys.

10 Documento conclusivo de la "V Conferencia General del Episcopado Latinoamericano y del Caribe", *Aparecida,* Brasil, 13-31 de mayo de 2007.

pieza de procesos electorales. Esa es una democracia formal", concluye.

No vuelve otra vez el Papa, en tierra paraguaya, sobre su crítica a la globalización. Sin embargo, perfila su discurso con relación a la economía y los empresarios, a objeto de compartir el criterio a cuyo tenor "para un país el crecimiento económico y la creación de riqueza", es "muy necesario". Critica sólo al "fetichismo del dinero y...la dictadura de la economía sin rostro", es decir, demanda otra economía "con rostro humano"; en las que "los empresarios, los políticos, los economistas" no cedan ante modelos que necesiten "sacrificar vidas humanas en el altar del dinero y de la rentabilidad". Les cabe entender a estos, señala, que en sus manos está "la posibilidad de ofrecer un trabajo a muchas personas y dar así una esperanza a tantas familias. Traer el pan a casa, ofrecer a los hijos un techo, ofrecer salud y educación", como aspectos esenciales de la dignidad humana. Se trata, entonces, de una apuesta por la economía real, en defecto de la virtual y exclusivamente financiera.

En tal orden, obviando lo micro-social o político Francisco sitúa ahora el tema del diálogo en una perspectiva subsidiaria y de más amplitud, que desborda al diálogo que domina como discurso a lo largo de su gira: el diálogo entre los pobres y las organizaciones populares. Habla esta vez, en línea con sus disertaciones como Cardenal Arzobispo de Buenos Aires – contenidas principalmente en sus breves libros *La nación por construir*, ya citado, y

Pongámonos la patria al hombro[11] – acerca del "diálogo como medio para forjar un proyecto de nación que incluya a todos" y como "vía de convivencia cívica" dentro de las reglas del sistema democrático.

El «diálogo-teatro» lo rechaza de plano. Recomienda asumir el diálogo, que sobre el país ha de llamarse "diálogo social", sin complejos y asumiendo como parte inevitable del mismo sus muchas dificultades, trazando al efecto caminos a fin de lograr que dé sus frutos.

El diálogo como método y como estadio, teniendo por norma la Justicia Social y finalidad el Bien Común, de entrada implica descartar la uniformidad que, según el Papa, "nos hace autómatas. De modo que, cabe esperar que el diálogo implique una conflictividad – «es lógico y esperable» afirma Francisco – que se irá superando en la medida en la que cada actor entienda que no es negociar, es decir, «sacar la propia tajada»". Se trata, efectivamente, de asumir cada uno su identidad raizal o primaria, sin pretender renunciar a la misma o transarla, pero sin presumir *ab initio* que "el otro está equivocado". Lo que permite – en un diálogo que nunca será fácil – una dinámica de ida y vuelta, "ida y vuelta, con el corazón abierto", predica Su Santidad. Y al plantear el diálogo sobre la nación o el diá-

---

[11] Cardenal Jorge M. Bergoglio, S.J., *Pongámonos la patria al hombro: Memoria y camino de esperanza*, Editorial Claretiana, Buenos Aires, 2005.

logo social, dice, es necesaria una base fundamental, que para él es "el amor a la patria. La patria primero, después mi negocio". Tanto que, "si yo voy a dialogar sin esa identidad, el diálogo no sirve", finaliza.

Cabría preguntar, entonces, ¿cómo hacer cuando falla la identidad en la patria o la nación, base para el diálogo fértil esperado, si acaso las partes la han perdido o tienen identidades antagónicas? Y es que Francisco, también plantea dicha hipótesis al hablar del diálogo interreligioso: "Yo soy budista, yo soy evangélico, yo soy ortodoxo, yo soy católico". Y la respuesta, para no cerrar el juego, también la postula: "El diálogo es para el Bien Común, y el Bien Común, se busca desde nuestras diferencias". Es decir, que al afirmar como lo hace que "la unidad es superior al conflicto", explica el Papa que no se trata de una unidad que rompe las diferencias, sino que "las vive en comunión por medio de la solidaridad y la comprensión"; lo que incluye la idea reseñada de las patrias de campanario o nichos sociales primarios que suceden al Estado moderno, en su agotamiento como cárcel de ciudadanía o de identidad en una idea artificial de lo nacional.

La técnica, en el criterio del sucesor de Pedro, radica en "aceptar sufrir el conflicto, resolverlo y transformarlo en un eslabón de un nuevo proceso". Se trata de descubrir, sin mengua de las identidades propias, un punto focal que, como necesidad, mirando al porvenir, ofrezca una nueva alternativa que pueda promover el compromiso sólo alrededor de la misma y defenderlo como una causa compartida: "Son aspiraciones comunes. Y esta es la base del encuentro..." y es lo que se denomina "cultura del encuentro". Las diferencias siguen, pero "quedan a un costado, en la reserva", según el Papa.

Recapitulación

El discurso papal – en sus distintas manifestaciones y sin mengua de sus auditorios distintos, primero en Ecuador, luego en Bolivia y finalmente en Paraguay – ofrece, en todo caso, líneas constantes.

Una es la relativa al rechazo terminante de las dictaduras. "La inmensa riqueza de lo variado (...) nos aleja de la tentación de propuestas más cercanas a dictaduras, ideologías o sectarismos...", afirma en Ecuador, para agregar en Bolivia que: "Hay que construir puentes en vez de levantar muros. Todos los temas, por más espinosos que sean, tienen soluciones compartidas, razonables, equitativas y duraderas. Y, en todo caso, nunca han de ser motivo de agresividad, rencor o enemistad que agravan más la situación y hacen más difícil su resolución".

Llegando a Paraguay finaliza con una apreciación de fondo que reitera su rechazo a los totalitarismos, nazifascistas o comunistas: "Como hay políticos presentes, está el Presidente de la República, le digo fraternalmente: Alguien me dijo fulano de tal está secuestrado por el ejército, haga algo. Yo no digo si es verdad o no, si es justo, no es justo, pero uno de los métodos que tenían las ideologías dictatoriales del siglo pasado era apartar a la gente, o con el exilio, o prisión en el caso de los campos de exterminio, nazis o estalinistas".

La otra línea tiene que ver con el diálogo social y político: "El dialogo es necesario, es fundamental para llegar a la verdad, que no puede ser impuesta, sino buscada con sinceridad y espíritu crítico", señala en Ecuador. Luego en Bolivia y atendiendo a sus realidades inmediatas, agrega que: "Sin diálogo no se encuentra ninguna solución a los problemas. El enfrentamiento y la confrontación nos separan, por eso, el Señor nos ha creado inteligentes y en una mesa, entre hermanos, poder encontrar esta solución tan anhelada para Bolivia (su salida al mar)… (pues) una nación que busca el bien común no se puede cerrar en sí misma", agrega. Y al postular lo necesario del "desarrollo de la diplomacia con los países del entorno, que evite los conflictos entre pueblos hermanos y contribuya al diálogo franco y abierto de los problemas…", comenta – quizás pensando en la Cortina de Hierro – que "hay que construir puentes en vez de levantar muros. Todos los temas, por más espinosos que sean, tienen soluciones compartidas, razonables, equitativas y duraderas. Y, en todo caso, nunca han de ser motivo de agresividad, rencor o enemistad que agravan más la situación y hacen más difícil su resolución".

Por lo visto, se trataría, según dicha óptica, de un diálogo acerca de problemas y de su solución, sobre realidades y no a partir de premisas ideales, menos ideologías; no obstante lo cual, cabe decir que como Cardenal precisa los alcances de lo dicho sin dilucidar cabalmente la cuestión: Hay que "ver la realidad tal cual es y de ahí sacarla (la postura ideal)", es decir, en forma inductiva. Se trata, así, de "la interacción de voluntades en pro de un trabajo en común o de un proyecto compartido". Y a todo evento, ajusta: "La sociedad política solamente perdura si se plantea como una vocación a satisfacer las necesidades humanas en común", nada más. "No hay que hacerle caso a quienes pretenden destilar la realidad en ideas". Pero también dice, entonces, que el universalismo integrador a través del respeto por las diferencias, "no puede hacerse por vía del consenso, que nivela hacia abajo, sino por el camino del diálogo, de la confrontación de ideas y del ejercicio de la autoridad", léase de la conducción.[12]

Seguidamente, habla Francisco del proceso de liberación que vive o ha de asumir América Latina. En Ecuador, en apreciación que sucesivamente repite en Bolivia, dice: "Aquel grito de libertad prorrumpido hace poco más de 200 años no le faltó convicción ni fuerza, pero la historia nos cuenta que sólo fue contundente cuando dejó de lado los personalismos, el afán de liderazgos únicos, la falta de comprensión de otros procesos libertarios con características distintas pero no por eso antagónicos".

---

12 Cardenal Jorge M. Bergoglio, S.J., *El verdadero poder es el servicio*, Buenos Aires, Editorial Claretiana, 2007

Por último, desde Paraguay, dibuja en líneas gruesas el modelo alternativo. "Somos nosotros las manos de Dios que alzan de la basura al pobre. Somos nosotros quienes trabajamos para que la tristeza de la esterilidad se convierta en la alegría del campo fértil". De modo que, recomienda que "las personas cuya vocación es ayudar al desarrollo económico – el Estado y los empresarios – tienen la tarea de velar para que este siempre tenga rostro humano".

La lectura transversal de los discursos papales, teniendo en cuenta el origen de Francisco, quien es Papa pero también argentino y con vínculos muy estrechos con el pensamiento eclesial latinoamericano, muestran, efectivamente, su manifiesto y anticipado prejuicio acerca de una globalización que, en nuestro criterio, todavía no alcanza contornos constitutivos a pesar de su signo dominante, como lo es el poder de las comunicaciones; sin mengua de la validez de los elementos conceptuales que a propósito de ella esgrime, como la exigencia de alcanzar una economía con rostro humano, que puede ser fundamento y finalidad de las categorías constitucionales que deban emerger en el inmediato porvenir.

Su rechazo de las formas totalitarias de gobierno, hijas de las ideologías y su igual privilegio del hecho humano cotidiano junto a sus realidades, postergando el valor fundante de las ideas, parecería indicar un claro rechazo tanto del cesarismo, de las regimentaciones ora políticas e institucionales, ora económicas, que no facilita o promueve la construcción de la experiencia democrática, como de la influencia sea de las ideologías, sea de las ideas y conceptos abstractos, que impiden un diálogo popular autónomo y en apariencia de carácter "racional-práctico", cuyo fin es, al cabo, la resolución de las exclusiones y el problema de la pobreza. Con lo que muestra el Papa, probablemente, cierta propensión ideológica al positivismo latinoamericano, que desde Argentina desarrolla Alberdi, en 1842, en forma de "habitud de encaminar nuestros estudios hacia nuestras necesidades especiales y positivas" y que, finalmente decanta en el cuestionamiento de "los efectos centrífugos de las programáticas liberales", prefiriéndose, bajo tendencias cesaristas y centralizadoras del poder, la posposición del tiempo político – el de los valores y las ideas – "al previo ordenamiento económico y social".[13]

Acompaña el Papa, no obstante, la narrativa democrática, pero pone su énfasis en los componentes esenciales del ejercicio democrático real, en la llamada democracia de desempeño.

Lo cierto, en todo caso, es que aboga por el militantismo de la Iglesia y su compromiso en la liberación de los "exprimidos y saqueados"; a cuyo efecto, en cada uno de los países visitados observa la simbiosis o el paralelismo que se da entre el tiempo actual y el protagonismo de los

---

13 Norberto Bobbio et al., *Diccionario de política* (l-z), México, Siglo XXI Editores.

países suramericanos "hace 200 años... para lograr la independencia de España", surgiendo así "la conciencia de la falta de libertades".

¿Vuelta acaso a las ideas o raíces que afirman la identidad, en la patria de bandera?

II
EL MENSAJE PONTIFICIO DEJA INTERROGANTES

La diatriba acerca del mensaje pontificio y sus propósitos finales tiene lugar en lo inmediato y por lo ya dicho. Ni siquiera espera de su reposo y la lectura crítica que ayude a su valoración. ¡Pero es que queda fija, como una provocación, la imagen de la escultura que Morales obsequia al Papa, obra de un sacerdote jesuita español – Luis Espinal Campos – quien cae víctima de la Teología de la Liberación y riega con su sangre un punto del suelo boliviano en el que luego ora Francisco para destacar su sacrificio! Esta vez, como era de esperarse, corren ríos de tinta en la prensa internacional.

¿Hace Francisco o el Padre Jorge Mario Bergoglio parte del grupo de jesuitas que se apasionan con la Teología de la Liberación? ¿Es acaso un neo-marxista, impactado por las actuaciones de la logia de gobernantes quienes, bajo la guía de Fidel Castro y Lula Da Silva, teniendo como mascarón de proa y primer laboratorio a Hugo

Chávez Frías, predican las bondades del Socialismo del siglo XXI? ¿Abre una cruzada contra la globalización por entenderla ya perfilada y en sus fuerzas profundas?

En cuanto a lo primero basta recordar que el Padre Jorge, como Provincial de la Compañía de Jesús y durante el período que va desde 1973 hasta 1980 controvierte con sus compañeros seguidores de la corriente teológica que funda el sacerdote peruano Gustavo Gutiérrez Merino, quien sitúa el tema de la opción por los pobres como el eje a partir del cual sigue luego la reflexión teológica hasta alcanzar su cabal sentido – no antes – y situando a éstos dentro del marco de una lucha de clases que demanda liberarlos como centro del compromiso eclesial; a cuyo efecto no se excluye el auxilio de la ciencias humanas y sociales y su suma a los Evangelios.

Bergoglio es posteriormente desterrado a Córdoba sin competencias pastorales. Más tarde, los grupos de izquierda le acusan de colaboracionismo con la dictadura militar; siendo lo cierto que, mostrándose consistente con su línea pastoral, busca alcanzar, a todo riesgo, la libertad para dos de sus compañeros encarcelados, comprometidos con la citada corriente teológica y situados en el plano de la exclusión, de la proscripción humana. Mas se trata de una acusación que busca repetirse cuando asume la Cátedra de Pedro y pudo originarse en su muy estrecho vínculo afectivo con Monseñor Ubaldo Calabrese, Nuncio Apostólico que es ante el gobierno argentino dictatorial pero que ejerce, asimismo, durante el período democrático

(1981-2000). Es éste, a la sazón, quien representa al Estado Vaticano durante el nombramiento de Bergoglio como Obispo Auxiliar (1992) y sucesivamente como Arzobispo de Buenos Aires (1998).

Sea lo que fuere, también se afirma que el hoy cabeza de la Iglesia Católica universal, bajo inspiración de Juan Pablo II, asume la utilidad de la teología que marca la opción preferencial de los pobres, pero desterrando de la misma los elementos incompatibles con el Evangelio o marxistas. Sin dejar de considerar, en este orden, su pertenencia cierta al pensamiento del Episcopado latinoamericano dentro de cuyo seno se alimenta dicha tendencia, cuya fuente – la Teología de la Liberación – es primero cuestionada y luego receptada por Roma con prudencia, críticas y reservas.

Es muy indicativa, incluso así, la publicación por el Vaticano de la obra *Iglesia pobre y para los pobres*, inspirada en las enseñanzas del Padre Gutiérrez, escrita por monseñor Gerhard Müller, Prefecto de la Congregación para la Doctrina de la Fe y hecho Cardenal por el Francisco, su prologuista.

Müller resume el predicado de su libro sin rodeos: "La Teología de la Liberación se interroga hoy sobre la posibilidad de proclamar la dignidad del hombre en un contexto de ausencia de libertad y de opresión y de desprecio de los derechos humanos fundamentales".

En cuanto a lo segundo, relativo a la proximidad de las enseñanzas de Francisco con el discurso justificativo del Socialismo del siglo XXI latinoamericano, una referencia queda en la memoria de quienes conocen al Cardenal Bergoglio como Arzobispo de Buenos Aires y sobre sus relaciones con el gobierno de los Kirchner, miembros del citado eje neo-socialista de inspiración cubana. Javier Lozano, al escribir para Info.Católica sobre la ruptura de aquél con los seguidores de la Teología de la Liberación, igualmente apunta que: "fue conocido por la tensa relación que mantuvo con los Gobiernos de Néstor Kirchner y posteriormente con el de su esposa Cristina, por su populismo y también por su legislación sobre el aborto y el matrimonio homosexual. La frialdad que marcó el tono de sus relaciones con el kirchnerismo se transformó en enfrentamiento abierto en temas como la crisis por las diferencias entre el gobierno y las patronales agrarias,...".

A mayor abundamiento, cabe decir que el cuestionamiento de la globalización, común en el discurso de los gobernantes latinoamericanos varias veces mencionados, no toma en cuenta que el discurso papal se dirige a un tipo específico de globalización y a la par afirma, luego de desnudar problemas que considera globales – "hablo de los problemas comunes de todos los latinoamericanos y, en general, también de toda la humanidad" – que "ningún Estado puede resolver(los) por sí mismo". "La interdependencia planetaria requiere respuestas globales a los problemas locales", son las palabras de Francisco.

III
EL MAGISTERIO SOCIAL EN SU TRADICIÓN

Con sus matices, sean de estilo o de jerarquización en los énfasis, el magisterio de la Iglesia es uno y constante. Dentro de él se han mantenido los distintos Papas, en especial en lo relativo a la doctrina social. Francisco no escapa a esa regla y por lo pronto, en cuanto a la cuestión central de su crítica al capitalismo desbordado y huérfano de finalidades trascendentes como a la opción preferente por los pobres, le acompañan las enseñanzas de sus dos predecesores, pastores claramente anticomunistas y adherentes al credo democrático sin adjetivos, Karol Józef Wojtyła y Joseph Aloisius Ratzinger.

En *Centesimus Annus* dice aquél que es inaceptable "la afirmación de que la derrota del socialismo deje al capitalismo como único modelo de organización económica"[14];

---

14 Giovanni Paolo II, *Centesimus Annus*, Edizioni Piemme, Monferrato, 1991, n.35

a lo que agrega antes, que "se puede hablar justamente de lucha contra un sistema económico, entendido como método que asegura el predominio absoluto del capital, la posesión de los medios de producción y la tierra, respecto a la libre subjetividad del trabajo del hombre".[15]

En otras palabras, la doctrina social de la Iglesia, actualizada bajo Juan Pablo II, promueve la libre empresa y es conteste al sostener que "si por capitalismo se entiende un sistema económico que reconoce el papel fundamental y positivo de la empresa, del mercado, de la propiedad privada y de la consiguiente responsabilidad para con los medios productivos, de la libre creatividad humana en el sector de la economía, la respuesta es ciertamente positiva"[16]; que no la es, por el contrario, si se le entiende como "un sistema en el cual la libertad, en el ámbito económico, no está encuadrada en un sólido contexto jurídico que la ponga al servicio de la libertad humana integral y la considere como una particular dimensión de la misma".[17]

En la lucha contra el último entendimiento, es decir, contras las barreras y monopolios que excluyen a muchas naciones y pueblos del desarrollo, advierte el Papa polaco que "no se pone, como modelo alternativo, el sistema socialista, que de hecho es un capitalismo de Estado, sino

---

15 *Ibíd.*
16 42.
17 *Ibíd.*

una sociedad basada en el trabajo libre, en la empresa, y en la participación".

El papa alemán, férreo opositor a la Teología de la Liberación, por su parte, en línea con su idea de que la razón y la fe no antagonizan, pues "la religión debe permitir siempre ser purificada y estructurada por la razón" tanto como el racionalismo debe "escuchar a las grandes tradiciones religiosas", en *Caritas in veritate* golpea duramente al corazón del capitalismo huérfano de referentes morales.

"El predominio persistente del binomio mercado-Estado nos ha acostumbrado a pensar exclusivamente en el empresario privado de tipo capitalista por un lado y en el directivo estatal por otro. En realidad, la iniciativa empresarial se ha de entender de modo articulado. Así lo revelan diversas motivaciones meta-económicas. El ser empresario, antes de tener un significado profesional, tiene un significado humano. Es propio de todo trabajo visto como «actus personae» y por eso es bueno que todo trabajador tenga la posibilidad de dar la propia aportación a su labor, de modo que él mismo «sea consciente de que está trabajando en algo propio»", reza el texto de la encíclica.[18]

La reflexión *in extensu* de Benedicto XVI apunta, además, a las nuevas realidades bajo dominio de la globa-

---

18 Benedicto XVI, *Caritas in veritate*, San Pablo, Buenos Aires, 2009, n.41

lización, las del siglo corriente, que son constatables más allá de toda consideración teórica o especulativa, y lo hace sin maniqueísmos:

"Uno de los mayores riesgos -prosigue la encíclica- es sin duda que la empresa responda casi exclusivamente a las expectativas de los inversores en detrimento de su dimensión social. Debido a su continuo crecimiento y a la necesidad de mayores capitales, cada vez son menos las empresas que dependen de un único empresario estable que se sienta responsable a largo plazo, y no sólo por poco tiempo, de la vida y los resultados de su empresa, y cada vez son menos las empresas que dependen de un único territorio. Además, la llamada deslocalización de la actividad productiva puede atenuar en el empresario el sentido de responsabilidad respecto a los interesados, como los trabajadores, los proveedores, los consumidores, así como al medio ambiente y a la sociedad más amplia que lo rodea, en favor de los accionistas, que no están sujetos a un espacio concreto y gozan por tanto de una extraordinaria movilidad. El mercado internacional de los capitales, en efecto, ofrece hoy una gran libertad de acción. Sin embargo, también es verdad que se está extendiendo la conciencia de la necesidad de una «responsabilidad social» más amplia de la empresa".[19]

---

19 n.40.

Ahora bien, no obstante la evidente coincidencia con el discurso de Papa Francisco al respecto, hay un énfasis que marca la diferencia. Benedicto XVI, sin mengua de las desviaciones anotadas y que asimismo denuncia, dice en su encíclica que: "La globalización no es, a priori, ni buena ni mala. Será lo que la gente haga de ella…El proceso de globalización, adecuadamente entendido, y gestionado, ofrece la posibilidad de una gran redistribución de la riqueza a escala planetaria como nunca se ha visto antes".

En cuanto a la democracia, alrededor de la que vale el paradigma fundacional de Santo Tomás, que recuerda Juan XXIII en *Pacem in Terris*: "la ley humana tiene razón de ley sólo en cuanto se ajusta a la recta razón"[20], Juan Pablo II pone de relieve, incluso así, el valor de las garantías previas, formales y sustantivas, que aseguren el carácter autónomo y fructífero del diálogo democrático y en libertad. "Una auténtica democracia es posible solamente en un Estado de Derecho y sobre la base de una recta concepción de la persona humana. Requiere que se den las condiciones necesarias para la promoción de las personas concretas mediante la educación y la formación en los verdaderos ideales, así como en la subjetividad de la sociedad mediante la creación de estructuras de participación y de corresponsabilidad", proclama en *Centesimus*

---

20 Juan XXIII, *Pacem in terris*, n.51, en *Ocho grandes mensajes*, BAC, Madrid, MCMLXXXI

Annus.²¹ Lo cual es consistente o se aproxima a la realidad y subjetividades sociales diversas y autónomas que describe Francisco y determinan su apuesta por un diálogo necesario y efectivo.

El Papa polaco, ahora Santo, al censurar la cultura y la praxis del totalitarismo, tanto como lo hace el actual Papa, critica igualmente el agnosticismo y el relativismo escéptico como filosofía contemporánea de las formas políticas democráticas; pues consideran no fiables a quienes adhieren a ideales y no aceptan que "la verdad sea determinada por la mayoría o que sea variable según los diversos equilibrios". De allí su sentencia determinante: "Una democracia sin valores se convierte con facilidad en un totalitarismo visible o encubierto, como lo demuestra la historia".²²

Se trata de una apreciación que sostiene su sucesor inmediato, Benedicto XVI, al referirse a la "dictadura del relativismo" y "la tolerancia negativa", que en nombre de la tolerancia se hace intolerante, imponiendo una suerte de credo racional o de mayorías, suerte de «nueva religión» obligatoria para toda la humanidad: "El relativismo... se convierte en un dogmatismo que se cree con la posesión del conocimiento definitivo de la razón", afirma desde

---

21 *Centesimus*, n.46.
22 *Ibíd.*

cuando es Cardenal en su discurso ya citado. Incluso, al señalar que la ética no debe referirse "al propio grupo o a la propia nación, sino que debe tener en cuenta a la tierra en su conjunto y a todos los hombres"; y admitiendo la cautela que asimismo se ha de tener ante quien "dice que tal cosa es la verdad o hasta afirma poseer la verdad" –piénsese en los socialistas del siglo XXI– ajusta, en contrapartida o mejor ajustando su criterio: "Decir que el hombre no es capaz de la verdad... tampoco sería capaz de ética".[23]

La doctrina social de la Iglesia, no cesa en repetir, finalmente, "el privilegio que el Evangelio concede a los pobres" –la llamada opción preferencial que cita Juan Pablo II en *Solicitudo Rei Socialis*[24]–y recuerda que "los más favorecidos deben renunciar a alguno de sus derechos para poner con mayor liberalidad sus bienes al servicio de los demás"; apalancando, así, los principios de solidaridad y Justicia social como ordenadores y virtud moral de todo cristiano: "la entrega por el bien del prójimo..., por el otro en lugar de explotarlo, y a servirlo en lugar de oprimirlo

---

23 Benedicto XVI, *Luz del Mundo* (Una conversación por Peter Seewald), Madrid, Herder, 2010.

24 Juan Pablo II, *Sollicitudo rei socialis*, 42b, en *Encíclicas de Juan Pablo II*, Edibesa, Madrid, 1995.

para el propio provecho".²⁵ Pero asimismo cabe señalar, de cara a las nuevas formas de totalitarismo que surgen sobre todo en América Latina en nombre de la redención social, lo que dice la mencionada encíclica: "En este empeño por los pobres no ha de olvidarse aquella forma especial de pobreza que es la privación de los derechos fundamentales de la persona, en concreto el derecho a la libertad religiosa – léase de conciencia, pensamiento y expresión – y el derecho, también, a la iniciativa económica".²⁶

No huelga, por ende, la enseñanza de León XIII en *Rerum Novarum* – que celebra Papa Wojtyla con su *Centesimus Annus* – a fin de recordar, en paralelo, que "los socialistas, atizando el odio de los indigentes contra los ricos, tratan de acabar con la propiedad privada de los bienes, estimando mejor que, en su lugar, todos los bienes sean comunes y administrados por la personas que rigen el municipio o gobiernan la nación"; medida que, considerándola injusta e inadecuada para resolver el problema de los pobres, perjudica "a las propias clases obreras".²⁷

---

25 Pontificio Consejo Justicia y Paz, *Compendio de la doctrina social de la Iglesia*, Conferencia Episcopal Argentina, Buenos Aires, 2005, pássim.

26 *Sollicitudo rei socialis, cit,* n.42e.

27 *Leon XIII, Rerum novarum,* n.2, en Ocho mensajes, *cit.*

IV
UNA ENTREVISTA QUE DESPEJA CAMINOS

En entrevista que concede a los comunicadores sociales quienes le acompañan de regreso a Roma y luego de su trascendental gira por Ecuador, Bolivia y Paraguay, pide Francisco de ellos que no le tomen sus ideas fuera de contexto; pues sólo predica "la doctrina social de la Iglesia a este movimiento" – el mundo de los movimientos populares – sin darle "una mano tendida a un enemigo, (pues) no se trata de un hecho político".

Reclama del periodista, en tal orden, hacer hermenéutica antes de encasillarlo: "Es muy importante en el trabajo de ustedes la hermenéutica de un texto. Un texto no se puede interpretar con una frase. La hermenéutica tiene que ser en todo el contexto. Hay frases que son justo la clave de la hermenéutica y hay frases que no, que son dichas de paso o plásticas. Entonces, ver todo el contexto, ver la situación, incluso ver la historia. Ver la historia de ese momento o si estamos hablando del pasado, interpretar un hecho del pasado con la hermenéutica de ese tiempo... Es clave interpretar un discurso, cualquier texto, con una hermenéutica totalizante, no aislada", dice.

Empero, cabe observar que preguntado sobre su devoción o particular predilección por "los movimientos populares", afirma que son "una realidad muy grande, en todo el mundo". Y agrega que "son movimientos que tienen fuerza, y estas personas, que son muchas, no se sienten representados por los sindicatos, porque dicen que los sindicatos ahora son una corporación, no luchan –estoy simplificando un poco– por los derechos de los más pobres. Y la Iglesia no puede permanecer indiferente... Es un diálogo. No es que la Iglesia haga una opción por la vía anárquica. No, no son anárquicos: trabajan, intentan hacer muchos trabajos también con los residuos, con lo que sobra; son trabajadores". Sugiere, al parecer, que la representatividad social y política contemporánea ha cedido, se ha perdido como forma de articulación del Bien Común.

Luego, preguntado sobre la crisis griega y su falta de discurso dirigido a los empresarios, precisa: "Le tengo una gran alergia a la economía, porque mi papá era contador y, cuando no terminaba el trabajo en la fábrica, se lo traía a casa, el sábado y el domingo, con esos libros, en aquellos tiempos, cuando los títulos se hacían en gótico... y trabajaba, y yo veía a papá... y me da alergia". Y en cuanto a lo segundo, sobre la actividad empresarial ajusta: "En *Laudato Si'* hay una parte sobre el bien común y la deuda social de la propiedad privada que va en ese sentido". Nada más.

Al interrogársele sobre si La Habana tendrá que mejorar su reputación sobre el respeto de los derechos humanos y, entre ellos, el de la libertad religiosa, opta por eludir la cuestión para poner el acento en los beneficios prácticos de la "negociación" – ambos ganarán y algo perderán ambos, son sus palabras – con Estados Unidos: "Yo diría que en muchos países del mundo no se respetan los derechos humanos, ¡en muchos países del mundo!".

En suma, son claves en sus discursos y a la luz de lo que muestran sus respuestas a los periodistas, repitiendo la síntesis anteriormente hecha o destacando sus palabras símbolo, a saber: la proximidad misional a los pobres, como deber de todos los hombres; la priorización del diálogo sin conceptos e ideas preconcebidas, a partir de los movimientos populares; la cuestión de la identidad como única previa y necesaria al diálogo para que sea útil, lo que le lleva a esgrimir de modo repetido la noción de "patria"; el rechazo a toda forma de imposición y las dictaduras totalitarias del siglo XX; en fin, su aversión a la globalización de la economía y la demanda de una "economía con rostro humano"; todo lo cual hace lugar al tema de la liberación de los oprimidos y excluidos, viéndolo Francisco como agonal y al igual que hace 200 años.

V
ANTROPOLOGÍA POLÍTICA EN EL PADRE JORGE Y EN EL CARDENAL BERGOGLIO

Al margen de lo circunstancial, a la luz de lo planteado cabe y es pertinente ordenar y revisar, hacer recensión del pensamiento antropológico político de Francisco, a la luz de sus reflexiones anteriores como sacerdote jesuita y luego como Cardenal Arzobispo de Buenos Aires; esas que le definen antes de su elección como el primer Papa originario de las Américas.

Su libro *Reflexiones en esperanza*, escrito en Córdoba en 1992[28] antes de asumir como Obispo Auxiliar y regresar a la capital argentina, reúne en serie sus charlas y escritos "en tiempos diversos y a propósito de circunstancias variadas" – sobre todo en retiros – que se suceden a partir de 1988, pero que tienen como denominador común ser su

---

28 Jorge Mario Bergoglio, S.J., *Reflexiones en esperanza*, Buenos Aires, Universidad del Salvador, 1992

respuesta "a reclamos de situaciones concretas". Sucesivamente, es de importancia su ensayo mencionado antes, *La nación por construir*, con mensajes varios que, según su prologuista, intentan ser "una síntesis de su pensamiento". De modo que, sus lecturas, encadenadas y en sus tiempos, vistas de forma transversal, resultan fundamentales al propósito de recensión señalado y la verificación de las auténticas líneas intelectuales que domina en el pensamiento del actual pontífice.

Tomadas de conjunto las ideas vertidas durante su gira latinoamericana, vistos sus ejes temáticos o "palabras clave", sin todavía sistematizarlas, asimismo parecen recrear el dilema político y constitucional o de espíritu constituyente que se concreta en el debate alrededor de la Constitución de Weimar de 1919.

La absoluta neutralidad de ésta en el campo de las ideas, por abjurar de los conceptos preestablecidos que predica el pensamiento jurídico formal de Hans Kelsen y dejar el campo abierto a las interpretaciones jurisprudenciales con base en la realidad, en lo empírico como justificación de lo auto-evidente, significa al final la incapacidad de su ingeniería constitucional para frenar el ascenso del nacional-socialismo; de ese totalitarismo que condena en buena lid Francisco, pero que, en apariencia, es hijo de la metodología de solución de conflictos en sociedades plurales resumida en propuesta de reconstrucción contemporánea.

"La variedad de perspectivas y sus valores se convierte entonces en una danza de la muerte de los principios" para la Alemania de entonces, escribe al efecto Arnold Schoemberg.[29]

A. Reflexiones en Esperanza

El servicio a los pobres y la renuncia del servidor

La línea argumental de apertura en el pensamiento del Padre Jorge podría resumirse en la "projimidad" realista al dolor humano – lejos de su intelectualización – y sobre todo el deber de solidaridad militante con el excluido, que explica bien al destacar el significado de la venida del Hijo del Hombre y la promesa de su resurrección "en carne". De modo que el juicio del comportamiento humano y sobre todo al cristiano, según él, ha lugar "no según las pautas de una ética abstracta o meramente espiritual".

Es un llamado que hace en el marco de un retiro espiritual con destinatarios específicos, a quienes invita a orar para que comprendan y "permitir que crezcan en nuestra vida maneras de pensar, de sentir y de proceder", que impliquen la realización de la Justicia social: "Amar la justicia con sed de desierto; preferir la riqueza de la pobreza más que la pauperización que produce toda riqueza mun-

---

[29] Ellen Kennedy, *Carl Schmitt en la república de Weimar*, Madrid, Tecnos, 2012

dana; abrir el corazón con mansedumbre más que afilarlo con la agresión; amasar la paz (como) valor superior a toda guerra, a todo irenismo prescindente; animarse a la mirada pura, la que sale del corazón puro, evitando caer en la rapiña ávida que atesora".

Se trata, en suma, de un planteamiento que propone "una direccionalidad de vida", que permita el reconocimiento del Verbo, de Dios mismo "en toda carne sufriente", es decir, en todo aquel a quien se le arrebata su dignidad como persona humana, sea el pobre a quien le falta el alimento o el vestido, sea el prisionero que paga su falta, sea el anciano o quien sufre de soledad, toda víctima del olvido y la exclusión. Y podría apreciarse que ocurre aquí en el Padre Jorge una "preferencia", que fija un énfasis, el suyo, sin que pueda decirse que excluye la otra pobreza a la que apunta la Doctrina Social de la Iglesia, la de la pérdida de los derechos fundamentales por la persona, sea o no pobre económicamente.

Pero, por lo visto, no se trata de una preferencia unidireccional por el pobre sino de una misión bidireccional que implica también, en quien no lo es, asumir todos en sí la misma pobreza; que mal puede entenderse, al leer *Reflexiones en esperanza*, como la realización de la igualdad por debajo y conforme al desiderátum marxista. Ello sería una simplificación.

Al demandar la solidaridad con el pobre pide por quien lo hace y asume como misión, y a la par someter su propia carne al despojo – quiere decir, servir hasta el agotamiento y el límite bajo una premisa que fragua en el modelo de Jesús, quiere indicarse que éste "siendo de condición divina... se despojó a sí mismo tomando condición de siervo y haciéndose semejante a los hombres". De donde cabe el mandato de seguir su ejemplo.

Se trata de un continuo guiado por la línea obediencial a que está sujeto cualquier hombre: "ganar el pan con el sudor de tu frente". Y se trata de una misión que implica una tensión permanente entre lo acabado y lo que comienza, sin que al final le quede nada para sí al misionero.

De no entenderse de esta forma el servicio, hasta el límite y descubrimiento de la propia indigencia – pensemos en el político – y hasta el punto de observar "el aparente bienestar de los malos", se corre el riesgo de creer que "la víctima no es Cristo, soy yo. Es el comienzo de toda blasfemia", dice el Padre Jorge. Y subraya con claridad, al efecto, que quien asume esa postura: "Deja de ser servidor..., se transforma en víctima. Se canoniza a sí mismo... Nunca será prójimo más que de sí mismo".

El diálogo unitario en la oración y desde la patria

Seguidamente, el Padre Jorge nos aproxima a su idea del diálogo en el marco de lo que llama "nuestra carne en oración", que tiene como presupuesto "una experiencia de solidez previa": ¿acaso la patria a la que tanto se refiere como raíz? La entiende – a la oración – como un diálogo con destino: la obediencia a la misión. Es el momento en que somete a prueba la "capacidad de buscar, descubrir, perfilar, reformular la misión" de todo hombre para obedecerla. Y se trata de un diálogo que no es "un negocio" con Dios, sostiene.

Pero la oración, según él, si bien se dirige a lo Alto, postula un ir y venir, un diálogo que "nace en la historia y en la vida"; de modo tal que implica un momento para recrear todo exilio, cada exilio, el éxodo vital que nos mantiene alejados de la "patria" – vuelve a recordarlo – y nos empuja no a pedir "ni el castigo de los perseguidores ni que la persecución cese", sino el coraje para la obediencia de la misión. No se trata de pedir cosas o que Dios "cambie situaciones que nos resultan adversas", sino que nos permita el "vuelve sobre tus pasos" sin propósitos de «retornismo» o «restauracionismo»; es la vuelta a las raíces, otra vez a la patria, para encontrar en ella claves que "nos abran nuevas posibilidades hacia el futuro". Es la referida "tensión entre lo acabado y lo que comienza".

En suma, "la oración de alabanza nace solamente en aquellos que saben ver, en la propia historia, la presencia de Dios que obra maravillas". Y lo que caracteriza la fidelidad de un hombre a la historia, agrega el Padre Jorge, "es precisamente su memoria", como clave de lectura del presente y como "promesa abierta hacia el futuro". De modo que, por ser memoriosa y anclarse en las raíces, concluye, "la oración tiende a ser oración en el pueblo". Es la unión de lo particular con lo universal, justamente, la que nos da el talante de "la dimensión de persona y nos rescata del individualismo".

Se es individuo, pues, por tener cada hombre libertad para sus actos, pero se es persona cuando ocurre el "yo en el pueblo", dice a continuación. Es lo que a propósito entiende por unidad lograda a través del diálogo, la que "es amasada en universalidad". De allí que rechace abiertamente – lo dirá luego como Cardenal – la unidad como suma de partes o el "sincretismo de laboratorio".

Lo anterior se inspira, tal y como revela en su capítulo sobre "Unión de ánimos" que caracteriza la constitución de la Compañía de Jesús, que significa unidad en la cosmovisión que asegura el orden para garantizar la diversidad en la misión: "la grande multitud de personas no bien mortificadas en sus vicios, como no sufre orden, así tampoco unión", reza la citada Constitución.

La explicación del Padre Jorge es, al respecto, iluminadora: "La unión de ánimos es el punto peculiar de convergencia de nuestra vocación... y debe imprimir carácter a nuestro trabajo apostólico... Esta unión supone - ya desde el vamos – una cierta diversidad de las partes, pues se trata de unir a personas dispersas por diversas misiones que implican diversas peculiaridades...". Y el principio y fundamento de esa unidad es, apelando a su repetida palabra, la "patria", que es principio, luego búsqueda en éxodo, y esperanza al final del éxodo ("esperanza que da orden, ordena, en forma ascendente). Y el vínculo principal es el amor que desciende ("que da orden, ordena, en forma descendente y como causa eficiente").

El tiempo en la historia y el sentido de la persona humana

En su Exhortación Apostólica *Evangelii Gaudium* nos habla Francisco de la importancia del tiempo por sobre el espacio: "el tiempo es superior al espacio", retomando cuando dice como Cardenal en *La Nación por construir*, ya citado: *"el todo es superior a la parte, el tiempo superior al espacio, la realidad es superior a la idea y la unidad es superior al conflicto"*; lo que de inmediato invita a poner la mirada sobre el presente, donde se disuelven los límites geográficos y políticos y la realidad de las comunicaciones – que propicia vértigo y acorta los tiempos – para destacar el sentido de la tensión sobreviniente entre el individuo sin arraigo nacional y la Humanidad totalizante; expresión, la última, que tomo de Luis María Olaso, también sacerdote jesuita, originada en el pensamiento de Jacques Maritain y que postula la relación activa de la persona con todas y cada una de las partes que, junto a ella, se resumen en la idea del humanismo integral.

La cuestión, sin embargo, se inscribe en una perspectiva más compleja y de mayor aliento que describe el Padre Jorge en sus reflexiones. En sus apuntes "Nuestra carne en oración", para el retiro en La Plata, de enero de 1990, insiste en dos aspectos centrales, uno el arraigo memorioso de la patria que nos lleva al exilio y se pierde – recuerda al efecto la experiencia de Adán quien "se fue auto-exilado a gastar su herencia de conocimiento del bien y del mal" y la Carta a los Hebreos – a través del recorrido humano que sólo se logra en la esperanza, sosteniendo viva la memoria de esa patria lejana y su sentido de "orientación".

En el camino de la vida, por lo mismo, sufriéndose de una "doble soledad", la de los demás hombres por ser uno extraño en el camino, y sintiéndose a la vez cada hombre, en el exilio, un olvidado de Dios, a quien por lo mismo se busca agonalmente, ocurre una tensión existencial entre el abandono y la esperanza. Esa que sufre cada individuo y le permite descubrirse y realizarse cabalmente como persona; *status* que sólo pierden quienes transan o negocian ese exilio para no padecerlo: "el hombre que se siente en exilio recuerda su Patria, deja que su corazón añore, no negocia, no vuelve atrás".

La vida del cristiano y del político que bebe en la fuente eclesial discurre en la historia, tanto como, es el criterio del Padre Jorge, "la oración nace en la historia y en la vida. Orar, como primera forma de diálogo, es releer – a la luz de la fe, nos dice – la historia de todo exilio, de todo éxodo, de todo camino de regreso". Pero hay dos claves centrales a esta consideración, a saber la tensión del caminante que deja su patria y camina al exilio y el ánimo, la esperanza, que lo sostiene en el camino y que por lo mismo es memoriosa como "nuestra carne". Memoria que para la Iglesia es, como lo repite, "la carne sufriente de Dios", que la anima en su camino y le ofrece la esperanza del regreso. En otras palabras, "existe una tensión entre tiempo y eternidad; entre pasado, presente y futuro". De allí la relevancia que le otorga al tiempo sobre el espacio.

Este último aspecto es central en su pensamiento y parece inspirarse, de suyo, en sus otras reflexiones mencionadas sobre la "unión de los ánimos" a la luz de lo que enseña San Ignacio y es fundamento constitucional de la Compañía de Jesús. Refiriéndose a la unidad en la diversidad, la unión en la variedad que apunta a la idea de lo universal afirma que "pasa por la hypomoné del tiempo frente al triunfalismo del espacio, por la contundencia de la realidad frente a lo efímero de la idea, por el sacrificio que nos lleva a mirar el bien del todo en vez de mirar el de una u otra parte". Pues se trata, justamente, de "ejercitar las potencias de memoria, inteligencia y voluntad sobre la realidad de mi vida"; todo lo cual y de conjunto lo extrapola luego el Padre Jorge como exigencias para definir la "necesidad de una antropología política" como problema pastoral y más tarde a fin de delinear sus criterios acerca de la jerarquización de la política y la refundación de los vínculos sociales, ya creado Cardenal.

La cuestión del tiempo y el espacio, en propiedad es un discernimiento que hace y va más allá del referente material o geográfico para recordar la tensión entre el individuo y el género humano, entre lo local y lo universal, entre "mi lugar y mi persona" – en todo caso humanamente limitada y escarnecida, hecha Cruz – y la esperanza fundante, la pertenencia a la patria que se abandonó y luego se busca errante y con afán hasta alcanzarla. De modo que, cuando el Padre se refiere a la oración de cada uno y de cada cual recuerda que la misma, por anclar en la vida real y sus necesidades, tiende a ser "oración en el pueblo"; pues lo más particular de cada quien busca tener sentido, a lo largo del éxodo humano, del citado exilio, en lo más universal, léase en "la tensión (sostenida) entre particular y universal", "que nos encuadra en la dimensión de persona y nos rescata del individualismo". Nos saca del espacio y nos sitúa en la dinámica del tiempo. "Somos personas: yo, totalmente responsable de mis actos, pero yo en un pueblo", en una patria, con raíces, con sentido de pertenencia, con identidad.

El aislamiento, la negación de la alteridad como constitutiva de la persona y de su fundamento en la dignidad humana, es blasfemo, ya que equivale, para él, "a decirle al Padre y al Hijo: Gracias por haberme creado, Gracias por haberme redimido, ahora yo solo, con este capital de riqueza recibido, me dirijo a vos de igual a igual... *porque yo puedo hacerlo*".

Ver a Dios en la historia: Libertad y liberación

Hacer de Dios y de la experiencia terrenal de su Hijo el centro de la historia, permite entender el mismo sentido misionero de la vida humana – del exilio, la pérdida y la búsqueda de la Patria, del arraigo que nos impida vernos como parias – como descubrir el valor de la fraternidad, que se expresa mirando en el caído, en el desvalido, la realidad y sentido de la crucifixión. Así lo entiende el Padre Jorge al recordar que quien esto entiende y da a gracias a Dios por los dones recibidos, comprende de suyo que ninguno es real propietario de los bienes que nos circundan. Son, sencillamente, dones.

Por otra parte, ver a Dios en la historia plantea la posibilidad de descubrir las fuentes de la solidaridad, incluso en medio de situaciones de violencia "en las que, según la lógica histórica, debería funcionar el esquema del pecado, castigo y maldición". La pérdida de ese referente, que implica negar las falencias intrínsecas que todo ser humano ha de colmar legítimamente y su necesidad de los otros para realizarse en plenitud, bajo el criterio de la perfectibilidad, es lo que explica, según él, la corrupción; que no solo afecta al ámbito de la política y su historia. Su rasgo principal, justamente, es la inmanencia, es decir, la suficiencia humana, el convencimiento de auto-bastarse en el hombre y el desequilibrio que le produce descubrir y saber que no se basta. Termina siendo esclavo de su intrascendencia.

En fin, la idea de la libertad y la posibilidad de ser liberados – sobre todo – de cualquier temor, se lee en *Reflexiones en Esperanza*, queda atada al propósito que anima en toda persona el "regreso de nuestro exilio"; afincado en la memoria de las raíces que nos atan, conscientes de la naturaleza de la vida humana en su espacio histórico y dentro de sus límites, sin perder el norte que nos da libertad para el bien hacer y nos sujeta en el mal hacer, el que "capta más y más nuevos horizontes" refiriéndolos siempre al Absoluto, es decir, al sentido de la misión que nos ata como hombres y que por lo mismo nos hace peregrinar, no "hacer turismo" en palabras del Padre Jorge.

La política como problema pastoral

La articulación de los problemas centrales que se plantea el Padre Jorge en sus reflexiones – la explicación de la opción preferente por los pobres, el redescubrimiento de la dignidad de la persona y sus raíces sociales en perspectiva temporal y espacial, el diálogo como sede y fundamento de la reconstrucción social y mecanismo de liberación – parte de su entendimiento acerca del hecho político y de la política, como cosmovisión y forma de servicio.

¿Cuál es, si así se puede decir, el credo político del Padre Jorge?

En cuanto al fenómeno político y su observación sobre la realidad argentina – la vuelta a la democracia – expresa su preocupación por las "imágenes y referencias contradictorias y muchas veces desprestigiadas de lo político"; ocurriendo – lo aprecia – una fractura de visiones dominante que en el orden teórico le llevan a situarla como obra del liberalismo de mediados del siglo XVIII, cuando, según él, "se abdica en favor del espacio económico, del espacio social y de las formas jurídicas, diluyéndose el paraguas de la política: "La política deja de ocupar un lugar en la conciencia de los hombres y – subalternizada y desprestigiada – queda sometida a la hostilidad de los poderes dominantes", es su criterio de apertura.

Y es que, observando la política como realidad múltiple y compleja, pide entenderla en sus "tensiones" varias: "política como acción instrumental que apunta a objetivos determinados según el cálculo de fines-medios. Política como expresión simbólica de la vida en común. Política como esencial de la persona y ética del conjunto, en su concepción y en su práctica, como búsqueda organizada del Bien Común". Luego de lo cual colige que "el bien común se realiza en lo social, la reflexión ética del individuo culmina en vocación política que busca servir a los prójimos más prójimos enraizados en la Nación como entorno concreto, superando las tentaciones del poder como soberbia para servirse y del no-poder como nihilismo para ser indiferente".

Cabe, pues, como desafío – lo observa el Padre Jorge – "recobrar la vigencia de lo político en su total amplitud"; lo que implica "garantizar la unidad política" por sobre la discordia y la enemistad interna; pues es un convencido de que "la Nación es fruto de la amistad interna" y ella prevalece.

Jerarquizar lo político y rescatar su vigencia implica, así, rescatar "el horizonte de síntesis y de unidad de una comunidad"; horizonte que es "armonización de intereses", "organización de la racionalidad política para dirimir conflictos", "acuerdo en lo esencial", "creencia de que nuestra propia identidad y seguridad personal, familiar y sectorial es frágil e imprevisible sin el marco superior de lo político".

En suma, la política se jerarquiza mediante la "tensión entre identidad colectiva y dignidad de la persona, interiorizando los valores y recuperando su ámbito social", el de los valores compartidos y la narrativa en común; en otras palabras, la tensión de la política y su resolución ocurre en el marco dialéctico entre "bien común y bien particular". De modo que, si bien la antropología política demanda para él entender a "la política como síntesis", cabe señalar que su postura le aleja de la llamada "totalidad inmanente que aplaste e insectifique al hombre". Por ende su aversión a las formas dictatoriales o totalitarias. Pero implica un igual rechazo al absolutismo de la inmanencia, a la reclusión del hombre en sí mismo. No por azar entiende a la política como "lucha por la persona entera desde la totalidad".

Sus palabras acerca de la democracia y su entendimiento, precisan mejor lo anterior: Se trata la política de un ritual "de reconocimiento recíproco en una historia familiar y en una identidad colectiva (donde la lucha por la democracia como estilo de vida y sistema de gobierno no termina allí sino que se transforma también en una lucha por la inalienable dignidad de la persona humana)". Es, no cabe duda, una apuesta por la doctrina que hoy contiene la Carta Democrática Interamericana de 2001, que discierne, sin exclusiones recíprocas, entre la democracia de origen y sus formas esenciales, y la democracia de desempeño o finalidades, que se resumen en el respeto y la garantía de todos los derechos humanos para todos los hombres.

Ahora bien, la traducción de las premisas anteriores al plano teológico y en una perspectiva contemporánea es cuestión que aborda el Padre Jorge afincado en las enseñanzas metodológicas de Romano Guardini[30], a quien cita repetidamente al efecto y con el propósito de "mediar antropológicamente entre la pastoral y la cultura en el nivel político"; sobre todo y por cuanto considera que "estamos en transición hacia una cultura de la posmodernidad".

Guardini, en efecto, desde 1920 habla de las oposiciones polares que se dan en el ser real y viviente al tensionarse lo que experimenta con su interioridad como hombre; por lo que al final éste se estructura alrededor de distintas categorías empíricas que adquieren relieve, precisión e innovación en las enseñanzas apostólicas del hoy Santo Padre, a saber, "producción-disposición, originalidad-regla, interioridad-trascendencia", "unidad-multiplicidad y semejanza-diferencia".

Pues bien, siguiendo a dicho autor y también a uno de sus más importantes exégetas, el filósofo hispano Alfonso

---

30 Romano Guardini, *El ocaso de la edad moderna*, Madrid, Editorial Guadarrama, 1958

López Quintas[31], da cuenta de la crisis tensional de la posmodernidad, que aprecia diferente de la fe en el progreso que fuera propia de la Ilustración. Ahora, dice, "nuestro hombre se encuentra en la soledad típica del supercivilizado (sic) que, por haber ido demasiado lejos en alas de la técnica, no puede convivir con los frutos de su saber". En otras palabras, "en la lucha por el poder ilimitado (posibilidad de la técnica), la política ocurre a falsos mesianismos... y la desmesura del poder técnico (poder hacer y poder sobre las cosas) no permite su manejo político (poder vivir, poder sobre el poder) y esto causa la inseguridad y la desazón" que padecen nuestras sociedades.

Ocurre así que el *ethos* de los actos de las personas se desplaza hacia las estructuras, dejando aquél de sujetar a éstas, y éstas a la vez sujetan en lo adelante al hombre y su razón, haciéndole dependiente. Y la consecuencia no se hace esperar. La ética es suplida por un moralismo inmanente y relativista, donde priva la razón experimental. "No existen el bien y el mal en sí, sino solamente un cálculo de ventajas y desventajas". Hay una pérdida del sentido de la trascendencia. Al efecto reconoce el Padre Jorge que ello es obra de una época de transición que nos tiene como presas y exige una justa aproximación valorativa, a fin de

---

31 Alfonso López Quintas, "Pasión de verdad y dialéctica en Romano Guardini", como estudio complementario a la obra antes citada del autor.

responder ¿cuál es la antropología política sobre la cual debe apoyarse el anuncio evangélico?

Al fragilizarse el valor del *ethos*, al "perderse el sentido personal del fin", que se olvida de la actividad contemplativa y "los fines se reemplazan por falsas promesas o fines coyunturales" donde lo primitivo despierta, como las pasiones, la violencia, el ansia de bienes, la reacción contra el orden, cabe resolver el trastorno que significa – hoy como nunca antes – el no poderse manejar el poder inconmensurable de la técnica "desde la unidad interior que brota de los fines reales y de los medios usados a escala humana". Ello sólo es posible, según *Reflexiones en esperanza*, preguntándose hasta cual punto, dentro de esta realidad, "alcanza una auténtica razón de ser la plenitud de la existencia humana".

Hay, en efecto, una tensión u oposición polar – siguiendo a Guardini, entre plenitud y límite – que padece el hombre de nuestro tiempo, el del siglo XXI; que, paradójicamente y en paralelo a las cosmovisiones gnósticas y parceladas que lo atan por el predominio de la técnica y de las estructuras sobre su interioridad, desde esta también desborda hacia afuera y "exterioriza culturalmente" su necesidad de superar la angustia que lo ahoga y es propia de su orfandad, de su aislamiento social, de su pérdida de identidad: Es el deseo de verdad y su resistencia a ella, el preguntarse sobre el sentido de su existencia y sus relaciones con Dios, desplegándose en él "energías religiosas fundamentales que dan señales de vida".

Antropología política para nuestro tiempo

El Padre Jorge, ante tales dilemas o problemas antropológico-políticos, discierne caminos que, fundados en las polaridades "guardianas" luego dominan en sus elaboraciones pastorales sucesivas y le sirven para imaginar el cómo superar la realidad de crisis antes mencionada o acaso lograr la forja de una cosmovisión o narrativa apropiada a la posmodernidad: Debe suponer, en un esfuerzo dialéctico personal y solidario a la vez, "un tránsito desde el desamparo al sentimiento de estar en un ámbito apropiado; desde el desarraigo a las raíces constitutivas; desde los nominalismo formales a la objetividad armoniosa de toda forma; desde los refugios culturales a la trascendencia que funda; desde lo inculto destructor al señorío sobre el poder; desde el sincretismo conciliador a la pluriformidad en unidad de los valores; desde la puridad nihilista a la captación del límite de los procesos".

Ello significa, en lo singular y como guía antropológico-política, lo siguiente:

a) Evitar el nominalismo político, es decir, la autonomía de la idea y de la palabra sobre la realidad – se refiere el Padre Jorge a esos que no pueden pasar en silencio un momento político y reducen "la política a la retórica"; propia de quienes "optan por enredarse en análisis de coyuntura más que trascenderse en la captación de los signos de los tiempos".

b) Rescatar un punto de apoyo que trascienda la personalidad, la arraigue, en medio de la necesaria o inevitable tensión entre regla-originalidad, para no caer en la exageración de la regla (coerción) o en la exageración de la originalidad (impulsividad), en otras palabras, evitar dejarse ganar por la autonomía que lleva a saborear el genio y la fama sin más.

c) Resolver, dada la preeminente división o divorcio consigo mismo del hombre contemporáneo, la tensión inmanente-trascendente ("reclusión en sí" o "pérdida de sí"), cauterizando el "retornismo", que no es fecundo ni permite arraigar. Y el desarraigo ocurre o el arraigo se pierde, cuando, en medio de la tensión todo-parte referida por Guardini y que el Padre Jorge traduce a términos temporales, se da en el hombre un retorno panteísta (escape hacia atrás, al pasado, al refugio desde donde se cree ver el cosmos, el todo y sus partes) o la fuga hacia el futuro utópico (escape hacia adelante), confundiendo, además, "la nostalgia, propia del llamado a la trascendencia, con la añoranza de mediaciones inmanentes, también desarraigadas".

d) Procurar el "señorío sobre el poder", evitando se reedite larvadamente lo "inculto" de la modernidad, donde "debido al progreso de la técnica la naturaleza inmediata obedece al dominio del hombre" y que, ahora, busca penetrar en el mismo poder que hace posible lo anterior. Y ello cabe resolverlo sobre la tensión "plenitud-forma" que evita tanto el caos como el formalismo, dando forma y poniendo límite "aún a la plenitud ilimitada de la técnica del poder", moralizándolo.

e) Sobrepasar la tentación del *sincretismo conciliador*, como si fuese transversal a las diferencias, neutral y por ello justo (cada hombre tiene su verdad), pues "es la forma más larvada de totalitarismo moderno", la llamada dictadura del relativismo. Ocurre así, lo dice el Padre Jorge, "la moralina conciliadora de una estructura totalitaria que vivimos, en contra de los valores más hondos de nuestro pueblo". De donde la solución reside, otra, vez, sobre la tensión "trascendencia-inmanencia" y "totalidad-parte", en la que se dan las "tentaciones" ora de exagerar la totalidad, ora exacerbar el fundamentalismo: que se recluye en sí y sólo toma la parte pura de la realidad que le ofrece el conflicto, escapándose de él sin resolverlo.

f) Rechazar la "puridad" pues evoca "dones preternaturales", ya que hermanada con el citado sincretismo conciliador "toma forma de fundamentalismo religioso, político o histórico" y se da incluso "a costa de los valores históricos de los pueblos", aislando la conciencia del hombre. Lo que resuelve o supera de un modo dialéctico, desde una perspectiva personal y solidaria a la vez, a la luz de todo lo anterior, que implica como síntesis, el "tránsito desde la personalidad a la persona, persona que asuma conscientemente su realidad de ser persona".

Ahora bien, la señalada caracterización antropológico-política supone una clara visión y concepción de la persona humana y también un método para resolver políticamente, asegurando la primacía de ésta, coincidiendo en grandes trazos – a nuestro aviso – con el pensamiento de Jacques Maritain.[32]

En cuanto a lo primero, recuerda y defiende el Padre Jorge a la persona como ser único, inalienable, irremplazable, insustituible. Y es esa "unicidad" la que inspira, según él, su armonización en un "plano superior", que al ser superior es extraño al "fraude de los valores". Es decir, que el "plano superior" hacia el que avanzamos, nos reúne y moviliza como experiencias unas y únicas, y ninguna relación tiene con la mudanza de valores, incluso "iluminados por la Revelación", entendiéndoles como productos de una evolución en la naturaleza humana o lugares comunes o nombres; como si algún proyecto de sociedad pudiese establecer el Reino de Dios: "Los mesianismos políticos desembocan a menudo en las peores tiranías", recuerda el Padre Jorge.

Al efecto, con vistas a la construcción del "ser social" como expresión supra-objetiva y que es, al efecto, el sentido de la actividad política, según él cabe despejar, de entrada, varias tentaciones, como el colectivismo gregaris-

---

32 Piero Viotto, *Jacques Maritain, Dizionario delle opere*, Roma, Cittá Nuova, 2003.

ta, el elitismo liberal ilustrado, el individualismo calvinista de tipo económico, la legalidad positivista, o el subjetivismo romántico. Lo que sólo es posible realzando como "actitud-valor" a la "solidaridad": "valor dialéctico que aúna lo colectivo (elemento de fuerza hoy imprescindible) y lo individual (la unicidad de la persona, expresada en actitudes éticas de responsabilidad, lealtad, y en apertura ontológica de trascendencia a los demás y a Dios)".

Es la solidaridad, en esencia, el ancla, al ser "modo de hacer historia", "ámbito viviente donde los conflictos, las tensiones y los opuestos alcancen la unidad pluriforme". Y ella se realiza en el diálogo, "en la invitación a la concordia o amistad política", que no en el planteo de "reforma de estructuras", dice el Padre Jorge, distante de la perspectiva marxista y la llamada Teología de la Liberación.

El método de diálogo

El Padre Jorge propone para el diálogo político y la resolución de las distintas tensiones bipolares, "un método fenomenológico de matiz dialéctico". Pero previene que la propuesta – el uso del vocablo dialéctico – en modo alguno tiene resonancias hegelianas. Es la expresión de una interacción mutua de realidades.

Se trata, como lo advierte, de un modo de pensamiento, el *pensamiento sineidético*, que conjuga vida y pensamiento a la vez y exige "ver las partes en función del todo y el todo en función de las partes". Ni totalitarismos, ni aislamientos fundamentalistas. Se trata de una labor de conjunto y tensionada que supera, a su juicio, el método analítico-objetivista que fracasa al intentar trasladárselo desde las ciencias de la naturaleza a las del espíritu. Se trata de superar el mero racionalismo, "dando al intelecto su pleno valor: la capacidad conjunta de razonar y de intuir, es decir la capacidad de la visión de las cosas". No se trata, pues, ni de objetividad, ni de subjetividad. Y al entenderse que el "ser social" está en el ámbito de lo "colectivo", cabe entenderlo – en suma – no como gregarismo o *unitas acumulationis*, sino como conjunto orgánico que no se opone a lo individual sino que lo integra.

La enseñanza conclusiva del Padre Jorge es evidente. "Lo objetivo y lo personal no son términos opuestos", ya que la dualidad o polaridad objetivo-subjetivo es ontológicamente incompleta: "Una realidad (como la política, hija de la polis, agregamos nosotros) si es viva, y por tanto orgánica, puede ser al mismo tiempo colectiva, objetiva y personal", son sus palabras.

Cabe observar, por último, lo que resulta relevante a la relectura anterior, a saber, que la construcción antropológica reseñada se inspira en el pensamiento de Guardini, sacerdote de origen italiano y formación alemana, nacido en 1885. Éste, vive sometido a claustro durante la experiencia del nacional-socialismo y desarrolla un estilo de pensar ajeno al frio academicismo en boga y la exaltación romántica que pide una vuelta a la naturaleza. No es teólogo ni liturgista sino y por sobre todo un pensador intuitivo, un pedagogo que demanda la autenticidad del "pensamiento integral" y cuyas reflexiones giran alrededor de preguntas que nacen de su preocupación por el desencanto intelectual y el desconcierto espiritual del período europeo de entre guerras: "¿Es posible conjugar la obediencia con la libertad? ¿Puede un intelectual ser súbdito fiel de una Iglesia que es depositaria y custodia de la fe? ¿Se compagina la iniciativa personal con la oración comunitaria? ¿Qué relación media entre la oración popular, de orientación más bien subjetivista, y la oración litúrgica, marcadamente objetivista? ¿Se ve forzado el católico a una actitud reaccionaria frente a la cultura y la técnica modernas?".

Seguidor de la tradición platónico-agustiniana, se le reconoce a Guardini haber desarrollado el método sineidético y holista de pensar "dirigido a hacer justicia a la profundidad y complejidad ontológica de lo viviente-concreto, que no se opone a lo universal, sino a lo superficial".

Él observa "al hombre integral abierto a la trascendencia y su consiguiente valoración de la sensibilidad humana – transida de inteligencia y poder intuitivo –, la actitud de reverencia, el fenómeno del encuentro intersubjetivo, la vivencia de las formas – con su carga de sentido –, las realidades contrastadas – por internamente ricas", entre otras.

En fin, como lo refiere López Quintás[33] al comentarlo para la enciclopedia, "está tensado por la bipolar atención de su espíritu a las dos tareas siguientes: precisar las características que especifican lo cristiano y subrayar los valores que encierra la historia humana de la cultura". Es lo mismo que se aprecia como una línea transversal en el pensamiento del Padre Jorge, constante en *Reflexiones en esperanza*.

B. La Nación por construir

El Padre Carlos Accaputo, quien escribe el prólogo del librito antes citado y título de este apartado, que identifica como síntesis de pensamiento del Cardenal Bergoglio, da cuenta de su contexto y precisa que se inscribe en una preocupación, a saber, el imperativo de construir la Nación expresada por la Pastoral Social de Buenos Aires en consonancia con distintas declaraciones del Episcopado Argentino. De modo que, revisado el texto final por el citado Arzobispo de Buenos Aires, el mismo contiene las orientaciones para "pensarnos como Nación e identificar cuáles son los problemas de fondo que nos afectan para, a partir de allí, pensar un país mejor para todos".

Así, en línea consistente con el pensamiento del Padre Jorge y su inspiración en Guardini, las claves del hacer

---

33 López Quintás, "Romano Guardini", *cit*.

que recuerda el prologuista, *mutatis mutandi* se repiten, como "elaboración cotidiana y fraterna", "recuperar el rumbo y la utopía de crear futuro", evitar "el desarraigo, el individualismo, la fragmentación", en fin "recuperar la riqueza de un pensamiento que parte de la realidad y tiende hacia ella".

Un pensamiento que tenga memoria de las raíces

En su primer capítulo, discurre el ahora Cardenal sobre la tensión entre el espacio y el tiempo, privilegiando a éste sin mengua del primero, luego de una crítica acre a la globalización y el pensamiento único por entenderlo como un extremo que en sí mismo sugiere homogeneizar el todo con vistas al mercado – "uniformiza y elimina la diversidad – y es, a su vez, el opuesto del "un relativismo atomizador y despersonalizante" también en boga; en un movimiento en el que los extremos se unen bajo el criterio de la hegemonía.

Apuntando otra vez a lo complejo de la realidad, que advierte en crisis porque compromete sobretodo una hermenéutica, una forma de ver esa realidad, parte su análisis de lo que advierte en Argentina, su patria: Los resultados negativos de "un modelo de país armado en torno a determinados intereses económicos, excluyente de las mayorías, generador de pobreza y marginación, tolerante con todo tipo de corrupción y generador de privilegios e injusticias".

De modo que, dándole ritmo al tiempo – "una mirada amplia que una el presente desde la memoria de las raíces, y que se dirija al futuro donde maduren los frutos de una obra" – aprecia las falencias por resolver allí: la *discontinuidad generacional* ("déficit de memoria", pues la memoria es potencia integradora de la historia, y "déficit de tradición", ya que cabe valorar el camino andado por nuestros mayores) que rompe "el entretejido político que constituye a un pueblo", por una parte; y el consiguiente *desarraigo* espacial (o pérdida de la identidad con el entorno, el terruño, la comunidad), existencial (al perder el hombre su identidad y las herramientas para "su proyecto personal"), y finalmente espiritual (al verse vaciado, el habitante de la ciudad, de las referencias simbólicas tanto citadinas como humanas que le han de servir como ventanas, como "horizontes de sentido hacia lo trascendente"), por la otra parte. Sucesivamente, viene de suyo la caída de las certezas, la orfandad a la que somete el desencanto con la modernidad y la fuerza de la razón.

Así, el pensamiento se hace débil, se relativiza, las verdades se hacen fragmentarias; las ciudades y las comunidades ya no son espacios, son no-lugares o "espacios vacíos" sometidos a la lógica instrumental, sin referentes identitarios; y la desmemoria crea un abismo entre la sociedad y sus dirigentes, entre las instituciones y las expectativas personales.

De modo que, volver a unir y darle al pueblo tesitura, a través del encuentro y la cultura del diálogo, demanda ayudarle a que él que tenga "memoria de sus raíces, o sea que ha de dejar atrás "los programas de supervivencia" que lo atomizan e impiden alcanzar unidad como pueblo en la pluriformidad; requiere clara "captación de la realidad de presente" y su comprensión cabal, viéndola como es, sin prejuicios ideológicos y mirándola desde la periferia y no desde el centro; y obliga a la misma emancipación del mismo pueblo, es decir, a que tenga "coraje ante el futuro" para evitar ser víctima de los poderes de turno o de la homogeneización que niega y desconoce, justamente, su mencionada pluriformidad.

La utopía del presente: refundar el pueblo

La utopía de "un presente que se sienta empujado por la promesa memoriosa hacia el futuro" impone revitalizar la urdimbre de la sociedad, según el Cardenal Bergoglio, para quien "es criminal privar al pueblo de la utopía, porque eso nos lleva a privarlo también de la esperanza". Y utopía es para él y en su adecuado sentido, "tratar de mirar siempre más allá,…no quedarse con lo bueno o malo del presente". De donde dice que nadie sabe hacia dónde va sino tiene conciencia de arraigo, de identidad, de saber de dónde viene y adónde ancla su esencia, que es lo más importante, a saber, la dignidad de la persona humana.

Ahora bien, refundar al pueblo implica romper la lógica de la competitividad, del individualismo, mediante "la ética de la solidaridad, vuelve a repetirlo; pues la primera "no es más que una instrumentación de la razón para justificar la fuerza y...quebrar los vínculos sociales". Y restablecer tales vínculos – "lo que me vincula, lo que liga" – implica tensionar otra vez el tiempo y el espacio, lo inmanente y lo trascendente: Apreciar lo dado, lo que está en el hombre y no puede ser de otra forma (elementos biológicos, psicosociales; la herencia recibida; las conductas y preferencias constituidas a lo largo del tiempo), como "lo que brota de su libertad, de su apertura a lo nuevo, en definitiva, de su espíritu como dimensión trascendente".

En síntesis, ¿cómo se forma un pueblo? se pregunta el Arzobispo de Buenos Aires.

> "En primer lugar, hay una ley natural y luego una herencia... hay un factor psicológico: el hombre se hace hombre en la comunicación, en la relación...", y ambos factores se actualizan y ponen en juego en el plano de la libertad, "en la voluntad de vincularnos con los demás de determinada manera". Al efecto se inspira en la definición de pueblo dada por San Agustín: "un conjunto de seres racionales asociados por la concorde comunidad de objetos amados".

De modo que, restablecer el sentido de pueblo, los vínculos sociales que le dan sentido y lo empujan en la esperanza, no implica sólo "compartir, no es sólo reconciliar opuestos y adversidades: se trata de sentarse a compartir el pan", son sus palabras.

Un proyecto político (no se trata de un mero programa económico y social) es viable y la sociedad política perdura "si se plantea como una vocación a satisfacer las necesidades humanas en común"; mediante un protagonismo que es de todos y al que ninguno debe renunciar. Y para ello, para dicha tarea, no sirven, según el Cardenal Bergoglio, "aquellos que pretenden destilar la realidad en ideas, (ni) los intelectuales sin talento, ni los eticistas sin bondad"; ya que lo que cabe, específicamente, es "apelar a lo hondo de nuestra dignidad como pueblo, apelar a nuestra sabiduría, apelar a nuestras reservas culturales".

Se trata, lo dice claramente, de "una verdadera revolución, no contra un sistema, sino interior"; cuidándonos "de las cenizas tramposas del olvido o de la presunción de creer que nuestra patria y nuestra familia no tienen historia o que la han comenzado con nosotros". Y esa historia, que tiene como telón de fondo a la Argentina, produjo a lo largo de su tiempo, en su génesis republicana, valores que la han hecho grande, olvidados: "el modo de celebrar y defender la vida, de aceptar la muerte, de cuidar la fragilidad de nuestros hermanos más pobres, de abrir las manos solidariamente ante el dolor y la pobreza, de hacer fiesta y de rezar; la ilusión de trabajar juntos y... amasar solidaridad".

Postula así, el Cardenal, las cuatro coordenadas que contribuyen a "testear cotidianamente las situaciones" políticas en su justicia, a saber: (1) el todo es superior a la parte; (2) el tiempo es superior al espacio; (3) la realidad es superior a la idea; y (4) la unidad es superior al conflicto.

Resolver las tensiones bipolares y alcanzar las jerarquizaciones necesarias lejos de los absolutos y del sincretismo conciliador, es posible a través de la ética de la solidaridad y la cultura del encuentro, se reitera, ampliando, en el texto de la relectura, a fin de volver sobre las líneas del pensamiento de Bergoglio como sacerdote ya explicitadas: Desde los refugios culturales a la trascendencia que funda; universalismo integrador a través del respeto por las diferencias; ejercicio del diálogo; ejercicio de la autoridad; abrir espacios de encuentro; apertura a la vivencia religiosa comprometida, personal y social". Y todo ello tiene una premisa y un desiderátum: "la cultura del encuentro debe centrarse en el hombre, sujeto y fin de toda actividad humana".

Desarrollando los elementos-guía anteriores, quedan como enseñanzas precisas del Cardenal las siguientes:

- "El hombre tiende, por inercia, a reconstruir lo que fue el ayer"; pero una cultura que haga del arraigo necesario un lugar estático y cerrado no se sostiene. De allí su premisa de que el tiempo es superior al espacio y tensiona, encadenándolos, el pasado, el presente y el futuro.

- Asumir la globalización con tono positivo es posible, "desde el horizonte de la universalidad", sin renunciar a lo nuestro, a lo que nos trasciende, en el marco de una "nueva organicidad vital de orden superior" que no anula lo propio ni lo considera "átomos que sólo adquieren sentido en el todo".

- Ejercitar el diálogo – distinto "del consenso, que nivela hacia abajo" – mediante la confrontación de ideas e interacción de voluntades, ya que destruye prejuicios, tiene como objetivo "un trabajo en común o un proyecto compartido" sin mengua de las ideas, utopías, propiedades, o derechos propios; pero entendiendo, eso sí, que no son únicos ni absolutos.

- Ejercitar la autoridad, es decir, entender que siempre es necesaria la conducción del diálogo, cuando significa "participar de la formalidad que da la cohesión al cuerpo" y sea ajena a tomar partido propio. En otras palabras, quienes tienen "una alta cuota de poder político o económico o cualquier tipo de influencia" deben renunciar a los intereses o abusos de los mismos "que pretendan ir más allá del común bien" que reúne a todos y mueve al encuentro. Ello implica, en otras palabras, la condena "del pactismo sin proyecto hacia el bien común", que desvía la conducción hacia los propios intereses, usa de los recursos demagógicos, compra lealtades, y vacía los espacios de confrontación de ideas y proyectos.

- Apertura hacia el fenómeno novedoso que ocurre en "la retaguardia de la superficialidad y del coyunturalismo inmediatista" dominantes, como el "torbellino de participación sin particularismos" que tiene lugar en los espacios vecinales, emprendimientos comunitarios, movimientos de ayuda mutua, "pocas veces visto". A lo que agrega el Cardenal una preferencia que, con palabras próximas, hace explícita como Papa: "Los dirigentes debemos acompañar esta vitalidad del nuevo vínculo. Potenciarlo y protegerlo puede llegar a ser nuestra principal misión".

- Aceptar, como reza la oración por la Patria argentina, que es "Jesucristo, señor de la historia", a cuyo efecto pregunta el Cardenal ¿cómo entender que en muchos ámbitos se ponga de moda el tratar todos los temas y cuestiones, pero haya un único proscripto, un gran marginado, Dios? Lo que da lugar, según lo apunta, al difuso teísmo-profano, al militantismo laico que, como se advierte al principio de estas relecturas, es el soporte intelectual de la dictadura del relativismo y la fragmentación ética que acompaña en sus primeros pasos al siglo XXI.

Finalmente, en cuanto a la tarea de la refundación de los vínculos sociales – que también predica el filósofo italiano Luigi Ferrajoli al señalar la urgencia de imaginar *ex novo* las distintas categorías constitucionales que le den forma, contenido y dirección a la sociedad global y su muchedumbre de localidades invertebradas e introspectivas – advierte el Cardenal que sólo la madurez la hará posible.

La madurez, dice, "es la capacidad de usar de nuestra libertad de un modo sensato y prudente". Y se declara consciente de la inevitabilidad de la globalización, que prefiere llamar *sociedad de información* de la que no podemos dejar de formar parte. Pero alegando su preferencia por el tiempo y bajo el argumento de la madurez, pide "analizar, desplegar posibilidades, visualizar consecuencias, intercambiar puntos de vista, escuchar otras voces", en fin, dialogar.

Por ende, al relacionar la libertad con la madurez recuerda que aquella "no es un fin en sí mismo, un agujero negro detrás del cual no hay nada". "No será a través de la entronización del individualismo que se dará su lugar a los derechos de la persona", afirma, luego de recordar que "una personalidad madura, así, es aquella que ha logrado insertar su carácter único e irrepetible en la comunidad de los semejantes. No basta con la diferencia: hace falta también reconocer la semejanza".

El tiempo corriente, en suma, es un verdadero desafío a la madurez, "a pensar antes de actuar": "¿Cómo darnos lugar a pensar, a dialogar, a intercambiar criterios para construir posiciones sólidas y responsables, cuando cotidianamente mamamos un estilo de pensamiento que se arma sobre lo provisorio, lo lábil y la despreocupación por la coherencia?", se pregunta el Cardenal Bergoglio.

Dibujar el futuro desde la nación

Dos consideraciones se advierten como relevantes en el discurso pastoral del Cardenal Bergoglio. Una es la conciencia de que la construcción de la nación es agonal, por lo explicado hasta ahora; pues se trata de un momento crítico o límite, asimismo total ya que hace relación con la definición de "la vida en su totalidad y por largo tiempo", y también fundante, al tener que ver sobre el cómo nos vemos y cómo nos presentamos ante el mundo actual y sus inéditos desafíos.

Es un momento que califica el prelado como dramático, no de fatal, al mostrar alternativas, de bien o de mal, de triunfo o derrota, "lejos de un optimismo estúpido pero también del pesimismo trágico".

La otra es el reconocimiento de la realidad y sus perfiles, a saber, que somos "ciudadanos globales" – interpelados por la globalización – y además "personas históricas": "Cada generación necesita de las anteriores y se debe a las que siguen. Y eso, en gran medida, es ser una Nación".

En fin, todo ello obliga a situarnos sobre esas dos perspectivas – lo global/nacional, "reconociendo los avatares de la gente que construyó nuestra nacionalidad, haciendo propios o criticando sus ideales y preguntándonos por las razones de su éxito o fracaso, para seguir adelante en nuestro andar como pueblo", afirma.

Ahora bien, ¿cómo imaginar o dibujar una nación acorde al desafío global?

Por lo pronto, valen algunas orientaciones o principios ordenadores o "fundantes" [trazados por el Cardenal Bergoglio] entendiendo sus requerimientos con vistas al porvenir.

Lo primero es tener claridad sobre lo elemental, a saber que "la sociedad humana no puede ser una ley de la selva"; lo que manda jerarquizar otra vez los valores, pues "no existe ningún mecanismo automático que asegure la equidad y la justicia". Se necesita de una opción ética "convertida en prácticas concretas, con medios eficaces".

La lucha no es, en línea con el estricto pensamiento del Cardenal Bergoglio, contra la globalización per se sino contra la "civilización del descarte" y la corrupción que ella apareja. La misma deja de lado o tira lo que considera inservible, bajo el criterio de la "ética de los ganadores".

Resolver la corrupción, uno de los grandes males de nuestro tiempo, que relaja instituciones y destruye vínculos sociales – sobre todo la confianza en los que estos se basan – implica, por ende, no sólo promover la cultura del trabajo y superar la llamada "viveza criolla" que se emparenta con aquella. Antes bien, al estimar que "todo ser humano es valioso" – haciéndosele espacio al otro criterio de la "universalidad" y preguntándonos ¿qué hacemos como Nación, para aportar una mentalidad y una práctica verdaderamente incluyente y universal, y a una sociedad que brinde posibilidades no a algunos, sino a todos? – lo central a plantearse, desde el ámbito de los valores, no es "qué cosas ajenas no tenemos que tomar, sino más bien qué podemos aportar". El desafío, en fin de cuentas, "es apostar a la inclusión, trabajar por la inclusión".

La reconstitución de los vínculos sociales, a la luz de los que cada persona también alcanza descubrir el valor de su propia identidad, su especificidad y unicidad propia como la de los otros, los semejantes con quienes se relaciona y al término construye pueblo y Nación, es posible lograrla entendiendo bien la tensión bipolar novedad-continuidad. Es esta otra orientación suya: "Sólo Dios crea de la nada" y si la "creatividad" que se nutre de la utopía y arraiga en la solidaridad "no es capaz de asumir los aspectos vivos de lo real y presente, termina rápidamente en imposición autoritaria, brutal reemplazo de una *verdad* por otra", "creer que todo empieza con nosotros".

Así las cosas, la actitud utópica – "lo que ves… no es todo lo que hay" – ha de partir de una valoración de la historia propia, entendiendo el significado de "la verdadera creatividad: la difícil pero fecunda conjunción de continuidad realista y novedad magnánima". ¡Y es que, "más allá de las profundas diferencias de época" que reconoce el Cardenal", también subraya lo importante de redescubrir esos albores de nuestra identidad nacional, tiempo igual de incertidumbre, que enseña "cómo se hace para poner cimientos duraderos en una tarea de creación histórica"!

"Si queremos verdaderamente sembrar – son sus palabras – las semillas de una sociedad más justa, más libre y más fraterna, debemos aprender a reconocer los logros históricos de nuestros fundadores", es decir, rescatar las certezas muy dolorosamente aprendidas por las generaciones que nos preceden. Sólo así se construye desde lo "sano".

Pero el carácter durable de lo que se construya, de los vínculos sociales que alcancen restablecerse, parten de la "confianza", que es elemento vertebral y vertebrador y se pierde bajo la ley de la mentira, del engaño, del fraude histórico. De modo que, a la sazón Bergoglio trae a colación el ejemplo de Manuel Belgrano – discípulo intelectual de Francisco de Miranda – para decir que la unidad de América y su fortaleza (pensando en lo global) "sólo podía construirse sobre el respeto y la afirmación de las identidades de los pueblos", hoy cabe decir con él, que frente al ocultamiento, la distorsión o la manipulación de nuestra historia, con sus activos y sus pasivos, cabe "hablar con verdad, decir la verdad, exponer nuestros criterios, nuestros valores, nuestros pareceres.

Ponerse la patria al hombro

En opúsculo que lleva el nombre de este penúltimo título, anteriormente citado, pero que a la vez cierra los capítulos de *La Nación por construir*, el Cardenal Bergoglio describe otra vez la realidad que lo angustia: "El actual proceso de globalización parece desnudar agresivamente nuestras antinomias: un avance del poder económico y el lenguaje que lo asiste, que –en un interés y uso desmedido– ha acaparado grandes ámbitos de la vida nacional; mientras –como contrapartida– la mayoría de nuestros hombres y mujeres ve el peligro de perder en la práctica su autoestima, su sentido más profundo, su humanidad y sus posibilidades de acceder a una vida más digna".

Y agrega que "a la fatiga y la desilusión parecería que sólo se pueden contraponer tibias propuestas reivindicativas o eticismos que únicamente enuncian principios y acentúan la primacía de lo formal sobre lo real. O, peor aún, una creciente desconfianza y pérdida de interés por todo compromiso con lo propio común que termina en el "sólo querer vivir el momento" en la perentoriedad del consumismo. No nos podemos permitir ser ingenuos: la sombra de una nube de desmembramiento social se asoma en el horizonte mientras diversos intereses juegan su partida, ajenos a las necesidades de todos. El vacío y la anomia pueden despuntar como oscuras consecuencias de un abandono de nosotros mismos y atentan contra nuestra continuidad" de Nación, advierte.

Ponerse la patria al hombro significa para el Cardenal Bergoglio inclusión y servicio. Ello implica, en el primer caso, ocuparse de la "fragilidad" de la patria: "la fragilidad de nuestros hermanos más pobres y excluidos, fragilidad de nuestras instituciones, fragilidad de nuestros vínculos sociales", y en el segundo caso, recordar que los discursos no bastan: "No confiemos en los supuestos informes sobre la realidad. Hagámonos cargo de la realidad...", son sus enseñanzas concluyentes.

Las mismas, a la par, indican otra vez y en cuanto a lo primero, que la llamada "opción preferencial por los pobres" fijada por el Episcopado Latinoamericano, quiere decir, sencillamente que se trata de "incluir a todas las personas, en la totalidad de sus dimensiones, en el proyecto de una sociedad mejor": Todo el hombre y todos los hombres, según "el principio de discernimiento que Pablo VI proponía con relación al verdadero desarrollo".

Y en cuanto a lo segundo, entendido el servicio como "vínculo social", viene de suyo la urgencia de "rejerarquizar la política" conforme a las mismas pautas que enuncia el Cardenal como sacerdote, en *Reflexiones en esperanza* (La objetividad armoniosa de toda palabra, en el camino de creatividad; volver a las raíces constitutivas; salir de los refugios culturales y trascender; ejercer señorío sobre el poder desde lo "culto", éticamente; caminar hacia la pluriformidad en la unidad de los valores, rechazando el sincretismo conciliador). Asimismo, adhiriendo al pensamiento de Juan Pablo II, tener presente que "el quehacer político es una forma elevada de caridad".

"Las reglas de juego de la realidad global de estos tiempos son un cáliz amargo, pero esto debe redoblar la entrega y el esfuerzo ético de una dirigencia que no tiene derecho a exigir más a los de abajo si el sacrificio no baja desde arriba: "... el que quiera ser grande, que se haga servidor de ustedes". *Servir a* imponiéndose al *Servirse de*", es lo ético, concluye el Arzobispo de Buenos Aires.

VI
ALGO MÁS QUE ANOMIA GLOBAL: EL PELIGRO DE LA POSDEMOCRACIA

Reconstruir la Nación y prepararla para los desafíos de la "ciudadanía global", en medio de la anomia contemporánea de transición, mediando el respeto a las identidades como privilegiando la inclusión – "todo el hombre, todos los hombres", y reconociendo las novedosas formas de organización de base y popular que muestran los tiempos corrientes, en que cede la primacía del espacio limitado de los Estados, reclama también y como desafío mayor doblarle la mano al llamado fenómeno de la posdemocracia, hijo de la Era digital en boga y remedo de los totalitarismo del siglo XX. Eso creemos y vemos pertinente mencionarlo al término de estas relecturas.

En *Memoria de la Venezuela enferma*[34], reciente libro de quien esto escribe, en su epílogo, donde constan ense-

---

34 Asdrúbal Aguiar, *Memoria de la Venezuela enferma* (2013-2014), Caracas, Editorial Jurídica Venezolana Internacional, 2015.

ñanzas de Francisco, ora como Cardenal, ora como Papa, la cuestión se explica en los términos siguientes:

"Desde el 2000, con fines descriptivos se instala la idea de la posdemocracia, de estirpe inglesa y crítica desde la izquierda sobre los efectos perversos de la globalización para la democracia, al sobreponérsele el control mediático y propagandístico. Se renueva el populismo, pero esta vez con una fuerza inusitada, en yunta con la movilidad sin fronteras de los recursos financieros que facilitan la compra de medios de comunicación social y su concentración y el flujo exponencial de la propaganda. Su incidencia sobre lo político provoca la ruptura con el principio de la igualdad en la competencia por el acceso al poder, que es dominador en la democracia hasta entonces conocida.

"Cabe advertir que la idea mencionada, atribuida por la literatura política al sociólogo británico Colin Crouch, antes que darle su bienvenida a la forma distinta de entender la democracia que a manera de ejemplo se instala en Venezuela y copian otros países (Ecuador, en lo particular, cuyo Estado al igual que el venezolano monopoliza la industria petrolera durante un largo decenio de elevación de precios), realiza una crítica acre al debilitamiento y abandono progresivo que ocurre del paradigma democrático que se afirma durante la segunda mitad del siglo XX. Habla, desde la izquierda, de una suerte de retorno en negativo y por obra de la globalización tanto industrial como mediática a la fase pre-democrática y la titula posdemocracia por ocurrir luego de la experiencia democrática. Explica que pierde importancia el fenómeno de la organización social sobre todo laboral, en su diálogo con la sociedad política. Aprecia que declinan los actores y los partidos de ésta, atados para sobrevivir a las mismas reglas de competitividad que forja la aldea global y sus mercados desregulados. Se trata, son sus palabras específicas, de "la reducción de los políticos a una figura más parecida a la de un tendero que a la de un gobernante, siempre tratando de adivinar los deseos de sus clientes para mantener el negocio a flote",...".

Pues bien, el Cardenal Bergoglio, en su opúsculo citado *Pongámonos la patria al hombro*, es cabalmente consciente y a plenitud de lo anterior. En sus términos, fija advertencias que cabe agregar a su pensamiento apostólico objeto de la presente recensión.

"Una confusa cultura mediática mediocrizada nos mantiene en la perplejidad del caos y de la anomia, de la permanente confrontación interna y de internas, distraídos por la noticia espectacular para no ver nuestra incapacidad frente a los problemas cotidianos. Es el mundo de los falsos modelos y de los libretos. La opresión más sutil es entonces la opresión de la mentira y del ocultamiento... eso sí: a base de mucha información, información opaca y, por tal, equívoca. Curiosamente tenemos más información que nunca y, sin embargo, no sabemos qué pasa. Cercenada, deformada, reinterpretada, la sobreabundante información global empacha el alma con datos e imágenes, pero no hay profundidad en el saber. Confunde el realismo con el morbo manipulador, invasivo, para el que nadie está preparado pero que, en la paralizante perplejidad, obtiene réditos de propaganda. Deja imágenes descarnadas, sin esperanza".

No huelga, por ende, retomar al efecto su consejo, en cuanto a "redescubrir la política", restituyéndole el alma que "la partidocracia le ha quitado". "Los partidos políticos son instrumentos para impulsar ideas, cosmovisiones diferentes. Cuando esto se confunde, los instrumentos se declaran independientes y se pasa del partido político a la partidocracia y se pierde la dimensión de trascendencia a los otros, de servicio a la comunidad. Esto es lo que origina el internismo", dice Bergoglio a la luz de la realidad argentina, nada extraña a la de la región en que se inscribe.

Asimismo, volviendo a uno de los temas trasversales a su pensamiento, el de la idea, que en el sentido platónico alude a "la forma o especie de las cosas, en cuanto está contenida en la razón y el intelecto", cabe decir que lo postulado por el Cardenal – Reconstruir la nación y ponerse la patria al hombro - no es tarea que pueda improvisarse, ni que resulte de un manotón sobre la mesa – como el machacado cambio de las estructuras – sino que plantea lo que es constante en su pensamiento y desde antaño: volver a las raíces, captar el presente sin prevenciones y sin destilarlo en ideas, y tener coraje frente al futuro.

Sus palabras totalizantes y al respecto, son iluminadoras:

"La parábola del Buen Samaritano es un ícono iluminador, capaz de poner de manifiesto la opción de fondo que debemos tomar para reconstruir esta patria que nos duele. Ante tanto dolor, ante tanta herida, la única salida es ser como el Buen Samaritano. Toda otra opción termina o bien del lado de los salteadores o bien del lado de los que pasan de largo, sin compadecerse del dolor del herido del camino. Y "la patria no ha de ser para nosotros –como decía un poeta nuestro– sino un dolor que se lleva en el costado". La parábola del Buen Samaritano nos muestra con qué iniciativas se puede rehacer una comunidad a partir de hombres y mujeres que sienten y obran como verdaderos socios (en el sentido antiguo de conciudadanos). Hombres y mujeres que hacen propia y acompañan la fragilidad de los demás, que no dejan que se erija una sociedad de exclusión, sino que se aproximan –se hacen prójimos– y levantan y rehabilitan al caído, para que el Bien sea Común. Al mismo tiempo la parábola nos advierte sobre ciertas actitudes que sólo se miran a sí mismas y no se hacen cargo de las exigencias ineludibles de la realidad humana".

Vale y adquiere sentido así, obviamente, el giro teológico con el que finaliza sus reflexiones en *La nación por construir*: "Hagámonos cargo de la realidad que nos corresponde sin miedo al dolor o a la impotencia, porque allí está el Resucitado".

EPÍLOGO NECESARIO:
EL PADRE JORGE, JESUITA Y MISIONERO DE LA LIBERACIÓN

En el intento de comprender, bajo líneas gruesas, su opción teológico política y entender la circunstancia de su primer viaje como Papa a la América de habla hispana con escalas en Ecuador, Bolivia y Paraguay, desde dónde vierte enseñanzas ante feligreses con importantes mayorías indígenas, es de señalar, por último, que se trata de un jesuita, de un miembro de la Compañía de Jesús marcado por la "unidad de ánimos" y su compromiso misional con las realidades.

De cara a esas realidades fija una clara distancia con el marxismo – "el modo de producción de la vida material condiciona, en general, el proceso social, político y espiritual de la vida"[35] – y recuerda que "el hecho particular

---

35 Paul-Dominique Dognin, *Introducción a Karl Marx*, UCAB, Caracas, 2004.

político no cobra sentido ni se hace planteo pastoral en la urgencia de reforma de estructuras, sino en la invitación a la concordia o amistad política, la cual solamente puede desarrollarse arraigada en la actitud libre de la solidaridad y que no responde sino a la aspiración del encuentro con el único Bien que une a los hombres entre sí".

La reiterada remembranza del tiempo fundacional de nuestras repúblicas americanas – sea en sus discursos en los países visitados, sea en sus homilías como Cardenal o presbítero – y el paralelo que traza al bautizar dos libros del padre Ismael Quiles con el actual tiempo de crisis, cuando surgen nuevas generaciones ávidas otra vez de referencias éticas y valores, Bergoglio revela una especial sintonía con el mundo indígena. La ancla, es verdad, en sus encuentros cotidianos con las villas-miseria bonaerenses en las que destacan trabajadores inmigrantes desde Paraguay y Bolivia, pero es relevante, al respecto y con vistas a lo anterior, su culto por la labor de los mártires jesuitas en las históricas reducciones rioplatenses.

En conferencia que dedica a la memoria de aquéllos en el Colegio del Salvador, en 1988, con motivo de sus canonizaciones, señala que la opción pastoral de los mismos deja ejemplaridad digna de ser rescatada. Nace de la inserción misionera en realidades de extrema exclusión y sojuzgamiento como la de nuestros primeros pobladores amerindios, respetando sus expresiones culturales autóctonas; para luego producir cambios sin expoliación de identidades y sus raíces. Se trata, según él, de "un hito clásico que, al recuperarlo, tiene capacidad de inspirar los nuevos derroteros a seguir". Es cuando habla, precisamente, de un "proyecto de liberación"; que así lo considera desde la perspectiva cristiana y salvando, lo dice, el "anacronismo" de la calificación.

Una primera consideración de orden escolástico hace al recordar que los jesuitas enviados a las reducciones de las provincias de Guayrá, Paraná, y Guaycurúes, con fines evangelizadores, probablemente son discípulos de Suárez y Vitoria. Siguen, por ende, la máxima a cuyo tenor "el pueblo es el depositario del poder, quien lo delega en el príncipe (en cuanto prínceps, principal)"; la que es enervada a raíz del Tratado de Permuta que define los límites de las colonias en América de España y de Portugal, cuando el príncipe ya no busca el bien común "y – desde las esferas de la Ilustración- quedará traicionada la vida y cultura del pueblo".

A partir de 1750, en efecto, las reducciones jesuíticas situadas en la margen izquierda del río Uruguay, hasta cuando la situación es reivindicada por medio de la guerra y al final ocurre la expulsión de los jesuitas, pasan a formar parte del territorio portugués, donde rige la esclavitud y los indios no gozan de la protección de los súbditos españoles. Las provincias dejan de ser tales y mudan en colonias.

Dicha narrativa inspira la reflexión de Bergoglio y le permite caracterizar el proyecto evangelizador de los jesuitas y su oposición a los otros proyectos colonizadores. De modo que, al definir al primero como "proyecto de paternidad", recuerda que implica para el indígena estar "en capacidad de librarse, zafarse, de todo tipo de esclavitud", sea la de un "opresor bandeirante, un encomendero venal o un hechicero. Esclavizaba tanto el yugo de una servidumbre humillante, como la superstición de una brujería o el hambre o la peste de viruelas", son sus palabras.

En consecuencia, después de preguntarse ¿qué teología de liberación subyace en este proyecto?, por lo pronto concluye que es "opuesto a los proyectos ilustrados de cualquier signo, los cuales prescinden del calor popular, del sentimiento, y de la organización y trabajo del pueblo". Pero dice que tampoco se trata de un proyecto de "repliegue sobre la propia cultura (en este caso la de los indios) olvidando el destino de universalidad...".

A renglón seguido critica "el papel jugado por los marxismos indigenistas que reniegan de la importancia de la fe en el sentido trascendente de la cultura de los pueblos, y reducen la cultura a un campo de confrontación y lucha, en el cual la dimensión manifiesta del ser adquiere un valor meramente mundano y materialista...". Y agrega que tampoco se trata de un proyecto "que facilite la absorción fácil de estilo de vida ajenos, y que por tanto rechaza el conflicto tan fundamental de ser uno mismo y – a la vez – confirmar las diferencias". Es, eso sí, un "proyecto de libertad cristiana, de hacer libres a los hombres".

De modo que, en la experiencia de las reducciones, opera un criterio paternal y de amor, de ayuda a la maduración y emancipación del indígena; a fin de que, a partir de sus discernimientos básicos y naturales como "su admiración por lo maravilloso" que da base a la hechicería, por "la audacia y elocuencia" de sus caciques, e incluso de los odios y pasiones que alimenta "bajo las aguas tranquilas" de su sumisión, y siendo abierto y dado al heroísmo, alcance conocer y haga valer su dignidad humana.

En un ir y venir, en el marco de un enriquecimiento recíproco entre la enseñanza evangélica trasplantada y las cosmovisiones primitivas o localistas, entienden los jesuitas rioplatenses que se trata de una misión que comienza por la realidad; es decir, conocer "el alma del indio" y sentir junto a él, en la convivencia, "sus necesidades". Dicho en otras palabras, que son las mismas del Padre Jorge, en un proyecto de amor paternal, de promoción de la dignidad del indio, como de libertad – "liberación de los malos encomenderos, liberación de la tiranía de la selva a la que hicieron sonreír con las cosechas, liberación de la esclavitud de la enfermedad curando sus llagas, liberación de la ignorancia" – cabe apreciar dos perspectivas diametralmente opuestas. "Las grandes guerras de conquista y anexión las ganaron siempre quienes dominaron el mar; las grandes guerras en pro de la consolidación de los pueblos las ganaron – en cambio – quienes se atrevieron a dejar las costas y se adentraron en la tierra".

No obstante, tal diacronía no basta, como el adentrarse o no, ya que se trata, según lo dicho, no de jugar a la inserción sino de insertarse "en las mil y una dificultades creadas por la pobreza, las sequías, las enfermedades". El conquistador o colonizador instala fortalezas en las playas, los evangelizadores se integran con los indígenas.

Los mártires jesuitas corren en línea distinta de la que se impone bajo las cortes ilustradas borbónicas, dice Bergolio: "Responder a la noble intención de organizar este gran reino y uniformar su sistema político y económico con el de la metrópoli", tal y como lo dispone Carlos III. La universalidad fecunda que integra y respeta las diferencias es desplazada por éste.

No es del caso cambiar la realidad encontrada sino de dignificarla. Propiciar un cambio de actitudes trabajando sobre la realidad y con el ejemplo: "Realzar la dignidad del indio" es estar junto a él, es "curar un enfermo, darle de comer, bautizarlo y catequizarlo, enseñarle a labrar, danzar o tallar. Es lo que lleva a Roque González – uno de los jesuitas mártires – "a edificar chozas para cada familia; se crea conciencia de familia como base sólida de la sociedad, frente a la costumbre concubinaria".

La opción teológico-política que redescubre el Padre Jorge, en conclusión, predica que "la exigencia de conversión del corazón es el momento espiritual de liberación del pecado propio y liberación del mal que sufren los indios. A través de esa conversión, se da el cambio de estructura pecaminosa de la relación económica: no son los indios los que deben pagar por lo que han trabajado, sino el encomendero valorar el sujeto trabajador que acrecienta su riqueza".

A manera de réplica

Concluida la relectura objeto de este libro breve, cuyo texto compartimos con Rafael Luciani[36], amigo dilecto ya citado, teólogo venezolano de muy sólida formación, actual Profesor Visitante que es del Boston College y antes Director de la Escuela de Teología de la Universidad Católica Andrés Bello, recibimos sus observaciones, que a nuestro juicio adquieren relevancia y tienen autoridad a la par de ser una lúcida contribución al debate necesario que suscita el pensamiento de S.S. Francisco. En lo particular apunta, entre otros, a dos aspectos: uno es la titulación, que no comparte y otra la conclusión genérica que se avanza, a saber la distancia del Papa Bergoglio con la Teología de la Liberación (TL) y el contraste de sus ideas con la Doctrina Social de la Iglesia.

Luciani, cabe decirlo, es consciente de que el texto que tiene entre sus manos es la obra de un jurista con experiencia de Estado y analista político por antonomasia; no

---

36 De Rafael Luciani debe leerse su ensayo "La teología del pueblo": 1) La opción teológico pastoral del Papa Francisco, *cit.* supra 2) Pensar y optar desde la cultura popular, Caracas, 2015, en edición.

se trata de un teólogo, como lo es él. Pero su réplica o complemento o acaso aclaración del texto se justifica cabalmente y cabe hacerla conocer a los lectores, para que el juicio que se formen sobre la cuestión sea integral e informado. He aquí su contenido:

"Desde el punto de vista teológico – reza la réplica - que va más allá de lo que se conoció a lo largo de los últimos 40 años por los medios más masivos y populares, el método de análisis marxista fue aplicado sólo por un pequeño grupo de pensadores dentro de la TL, como Hugo Assman y luego Leonardo Boff sólo en sus primeros años. Pero Gustavo Gutiérrez, padre de la TL, con su libro del mismo nombre, nunca aplicó dicho método. Siendo honestos con la realidad del debate, el metodólogo de la TL Clodovis Boff, en su famosa tesis doctoral sobre el método en la TL, hizo hincapié en que lo político no es el punto de partida, sino la fidelidad a la praxis de Jesús con todas sus consecuencias. En el texto, no obstante, en algún momento señalas que Bergoglio atacó esto de Gutiérrez en los años de la dictadura argentina frente a sus hermanos jesuitas. Y por eso cabe precisar este contexto de la TL, para cuidar su historia, evolución, ramificación, etc., por no ser monolítica. La mayoría de los fieles cristianos heredaron una visión errónea de la TL, cuando se identificó, durante el pontificado de Juan Pablo II, a la ideología marxista con el método de análisis de la realidad y la TL como si formaran un todo homogéneo.

"Por otra parte, las dos instrucciones de la Congregación para la Doctrina de la Fe (CDF) y el viaje de Juan Pablo II a Brasil no fueron críticas absolutas a todas las formas de hacer TL, sino a un modelo que respondió a lo que digo anteriormente sobre el uso del método marxista en el análisis de la realidad. En el mismo año en que se publica la Instrucción *Libertatis Conscientia* encontramos la carta que Juan Pablo II dirige a los Obispos Brasileños llamada: "Orientaciones para la vida eclesial y para la tarea evangelizadora". En ella, el Papa dice: "…estamos convencidos de que la teología de la liberación es no solo oportuna, sino útil y necesaria". Más cercano a nosotros, el padre Luis Ugalde SJ participó en muchas de estas conversaciones con el Vaticano en su época.

"A partir de ahí asumieron, magisterialmente, el principio que venía de mucho antes del Vaticano II al considerar cristológicamente a la presencia de Cristo en el pobre y su opción preferencial. Esta opción, a su vez, fue uno de los temas que Bergoglio tanto defendió en Aparecida, cuando todo parecía que el Vaticano planteaba un regreso a formas muy conservadoras; y fue él quien se enfrentó y participó en las conclusiones del documento haciendo todos estos aportes, así como el de los temas de la liberación y la evangelización de las culturas, inspirado en la pastoral popular de los '60 y en Gustavo Gutiérrez: hoy en día reconocidísimo por el Papa y la CDF, como bien lo sabemos.

"Lo que inspira a Francisco, en el contexto teológico y pastoral en el que se forma, actúa pastoralmente, discierne y escribe, es una rama de la TL precisamente. Pero es TL, a todas luces. La llamada Teología del Pueblo, como vertiente argentina, es TL. Esto es un dato teológico que forma parte del desarrollo de las corrientes teológicas en América Latina y la historia del Magisterio en nuestro continente. De hecho, él reconoció y sepultó a Rafael Tello, uno de los fundadores de la Teología del Pueblo, en la catedral de Buenos Aires. Además, presenta su famoso libro póstumo en reconocimiento de esa teología particular. La tríada cultura-liberación-evangelización lo enmarca con claridad.

"Francisco, por otra parte, no es un teólogo académico. Por eso, la TL en él —como Teología del Pueblo— se aprecia en dos ámbitos: su práctica pastoral y las categorías que usa en sus discursos. Para entenderlo no se puede leer a Francisco desde la doctrina social de la Iglesia. Aunque pareciera usarla constantemente, sólo lo hace como referencia a lugares comunes, pero el contenido y el significado de las palabras que usa no coinciden siempre con dicha doctrina a nivel de significados, sino con la TL en su versión de Teología del Pueblo. Es el caso de expresiones como bien común, justicia social, inequidad, pobres, pueblo, etc.

"Su visión económica es justicialista y completamente anti neoliberal. Y esto es algo muy radical en el

Papa Francisco. Sólo que hay muchas formas de decirlo. A veces más suave y otras más duro y explícito. Además hay una convicción –a veces no tan explícita– en la que coinciden muchos religiosos en América Latina y no menos Francisco. Muchos prefieren un gobierno popular (no populista) a uno capitalista salvaje. Esto se puede desglosar y discutir, ciertamente, pero se basa en lo que suelen llamar el mal menor político porque según muchos de ellos, estos sistemas al menos optan más por el pobre y provocan distribución de las riquezas.

"Otra cosa es cómo lo hacen y a lo que nos llevan. Es ahí cuando Francisco critica a la función opresora de las ideologías, como lo hizo recientemente en Bolivia. Estas distorsionan y hacen perder la fidelidad a la pastoral popular, a la auténtica teología popular y a lo que debe ser una política popular. Eso no significa antipatía o simpatía por los gobiernos de turno en sí mismos, pero sí una cierta simpatía por el sistema o modelo social de fondo, aunque saben que no ha funcionado. Las Congregaciones Generales de los jesuitas son iluminadoras. El Padre General Adolfo Nicolás, cabeza de la Compañía de Jesús, es un fuerte impulsador de lo que había iniciado el Padre Arrupe, por ejemplo, aunque con un estilo más callado y de perfil bajo, pero institucionalmente muy explícito y actuante.

"Por otra parte, la pastoral de Francisco se pone a prueba en los años de la dictadura cuando cambia el vocabulario teológico por la situación militar, pero mantiene el tipo de teología en la que se inspiraba y su consecuente práctica pastoral. Es lo que toma nuevamente de Tello. Y es lo que hacía todo el tiempo con los villeros, sindicatos y pobres. Lo que lo vi hacer en reuniones con representantes de sindicatos argentinos que invitaba en Roma para dar seguimiento a los diálogos que había iniciado en Buenos Aires antes de su elección.

"Teológicamente, en suma, no podemos hablar de una opción leída desde una "teología política" en él. Este término no sólo es más complejo de lo que parece (teológicamente y en el contexto del siglo XX cuando nace en sentido propio a partir del debate entre Carl Schmitt y Erik Peterson), sino que la opción que inspira y mueve a Francisco, desde que era jesuita cura, es "teológico pastoral", cosa que en la Iglesia tiene un sentido muy preciso y diferenciador". **Rafael Luciani, Boston College**.

Lomas de La Lagunita, 10 de agosto de 2015.

APÉNDICE

COLOQUIO DEL SANTO PADRE CON LOS PERIODISTAS DURANTE EL VUELO DE REGRESO DE ASUNCIÓN A ROMA (13 DE JULIO DE 2015)

Pregunta *(Aníbal Velázquez – ABC Color): Santidad, soy Aníbal Velázquez, de Paraguay. Nosotros le agradecemos porque haya elevado el Santuario de Caacupé como basílica, pero en el Paraguay se pregunta la gente: ¿Por qué Paraguay no tiene cardenal? ¿cuál es el pecado de Paraguay, que no tenga cardenal? O, en todo caso, ¿está lejos todavía de que tenga un cardenal?*

Respuesta: Bueno, no tener cardenal no es un pecado. La mayoría de los países del mundo no tienen cardenales. Las nacionalidades de los cardenales –no recuerdo cuántas son– son minoría respecto a todo el conjunto. Es verdad, Paraguay no ha tenido ningún cardenal hasta ahora. No sabría darle la razón. A veces, para la elección de cardenales, se balancean, se leen, se estudian los legajos de cada uno, se ve la persona, el carisma sobre todo del cardenal, que debería ser el de aconsejar al Papa y asistir al Papa en el gobierno universal de la Iglesia. El cardenal, si bien pertenece a una Iglesia particular, es –y de aquí la palabra– "incardinado" en la Iglesia de Roma, y tiene que tener una visión universal. Esto no quiere decir que en Paraguay no haya obispos que la tengan; la pueden tener. Pero, como siempre hay que elegir hasta un número –uno no puede designar más de 120 cardenales electores–, entonces será por eso. Bolivia ha tenido dos. Uruguay ha tenido dos, Barbieri y el actual. Algunos Países centroamericanos tampoco han tenido, pero no es ningún pecado y todo depende de las circunstancias, las personas, el carisma para incardinarse. Y no quiere decir eso un menosprecio o que no tengan valor los obispos paraguayos. Hay obispos paraguayos geniales. Yo me acuerdo de los dos Bogarín, que hicieron historia en Paraguay. ¿Por qué no fueron cardenales? Bueno, no fueron. No es un ascenso, ¿no es cierto? Yo me hago otra pregunta: ¿Merece Paraguay tener un cardenal, si miramos la Iglesia del Paraguay? Yo diría: Merecería tener dos, pero es por lo otro, no tiene nada que ver con los méritos. Es una Iglesia viva, una Iglesia alegre, una Iglesia luchadora y con una historia gloriosa.

Pregunta *(Priscila Quiroga – Cadena A, y Cecilia Dorado Nava – El Deber, de Bolivia): Su Santidad, por favor, a nosotros nos interesa conocer su criterio en torno a si considera justo el anhelo de los bolivianos de tener una salida soberana al mar, de volver a tener una salida* *soberana al Océano Pacífico. Y, Santo Padre, en caso de que Chile y Bolivia pidan su mediación, ¿usted aceptaría?*

Respuesta: Lo de la mediación es una cosa muy delicada, y sería como un último paso. Es decir, Argentina vivió eso con Chile y fue realmente para evitar una guerra. Fue una situación muy límite y muy bien llevada por quienes la Santa Sede encargó, detrás de los cuales siempre estaba San Juan Pablo II interesándose, y con la buena voluntad de los dos países, que dijeron: "Probemos esto si va". Y –es curioso– hubo un grupo, al menos en Argentina, que nunca quiso esa mediación y, cuando el presidente Alfonsín hizo el plebiscito sobre si se aceptaba la propuesta de mediación, obviamente la mayoría del País dijo que sí, pero hubo un grupo que se resistió. Siempre, cuando se hace una mediación, difícilmente todo el país estaría de acuerdo. Pero es la última instancia, siempre hay otras figuras diplomáticas que ayudan, en ese caso, facilitadores, etc.

En este momento yo tengo que ser muy respetuoso de esto, porque Bolivia hizo un recurso a un tribunal internacional. Entonces, si yo en este momento hago un comentario –yo soy Jefe de un Estado–, podría ser interpretado como inmiscuirme, o una presión. Tengo que ser muy respetuoso de la decisión que tomó el pueblo boliviano que hizo ese recurso. También sé que hubo instancias anteriores de querer dialogar. No tengo muy claro. El que me dijo una cosa por el estilo, que se estaba cerca de una solución, fue en tiempos del presidente chileno Lagos, pero lo digo sin tener datos exactos. Fue un comentario que me hizo el cardenal Errázuriz. Así que no quisiera decir una "macana" en eso.

También una tercera cosa que quiero dejar clara. Yo, en la catedral de Bolivia, toqué ese tema de una manera muy delicada, teniendo en cuenta la situación de recurso al tribunal internacional. Recuerdo perfectamente el contexto: "Los hermanos tienen que dialogar, los pueblos latinoamericanos dialogan para crear la Patria Grande, el diálogo es necesario". Ahí me detuve, hice un silencio, y dije: "Pienso en el mar". Y continué: "Diálogo y diálogo". Quiero que quede claro que mi intervención fue un recuerdo a ese problema, pero respetando la situación como está planteada ahora. Estando en un tribunal internacional, no se puede hablar de mediación, ni facilitación, hay que esperar.

Pregunta (continuación): *¿Es justo o no el anhelo de los bolivianos?*

Respuesta: Siempre hay una base de justicia cuando hay cambio de límites territoriales y, sobre todo, después de una guerra. Hay una revisión continua de eso. Yo diría que no es injusto plantearse una cosa de este tipo, ese anhelo. Yo recuerdo que en el año 61, estando en primer año de filosofía, nos pasaron un documental sobre Bolivia –un padre que había venido de Bolivia–, y creo que se llamaba "Las doce estrellas". ¿Cuántas provincias tiene Bolivia? *[Le responden que son nueve departamentos]* Entonces se llamaba "Las diez estrellas". Y presentaba cada uno de los nueve departamentos y, al final, el décimo departamento; y se veía el mar sin ninguna palabra. Me quedó grabado. Eso fue en el año 61. O sea, que se ve que hay un anhelo. Claro, después de una guerra de ese tipo, surgen las pérdidas y creo que es importante, primero, el diálogo, la sana negociación. Ahora, en este momento, el diálogo está detenido obviamente por este recurso a La Haya.

Pregunta: *(Fredy Paredes – Teleamazonas, de Ecuador). Su Santidad, buenas noches. Muchas gracias. El Ecuador estaba convulsionado antes de su visita. Después de que abandonó el País, volvieron las personas que hacen oposición al gobierno a salir a las calles. Parece ser que su presencia en el Ecuador se quiere utilizar políticamente, especialmente por la frase que usted pronunció: "El pueblo del Ecuador se ha puesto de pie con dignidad". Yo le pregunto de manera puntual, si es que es posible: ¿A qué responde esa frase? ¿Usted simpatiza con el proyecto político del Presidente Correa? ¿Usted cree que las recomendaciones generales que ha dado en la visita al Ecuador, con miras a alcanzar el desarrollo, el diálogo, la construcción de democracia y a no continuar con la política del descarte, como usted la denomina, ya se practican en el Ecuador?*

Respuesta: Evidentemente que sé que había problemas políticos y huelgas. Eso lo sé. No conozco los intríngulis de la política del Ecuador y sería necio de mi parte que diera una opinión. Después me dijeron que hubo como un paréntesis durante mi visita, lo cual agradezco, porque es un gesto de un pueblo en pie, respetar la visita del Papa. Lo agradezco y lo valoro. Ahora, si vuelven las cosas, evidentemente que los problemas y las discusiones políticas siguen. Respecto a la frase que usted dice, me refiero a la mayor conciencia que el pueblo ecuatoriano ha ido tomando de su valor. Hubo una guerra limítrofe con Perú no hace mucho. Hay historias de guerra. Después, una mayor conciencia de la variedad de riqueza étnica del Ecuador. Y eso da dignidad. Ecuador no es un país de descarte. O sea, que se refiere a todo el pueblo y a toda la dignidad de ese pueblo que, después de la guerra limítrofe, se ha puesto de pie y ha tomado cada vez más conciencia de su dignidad y de la riqueza de la unidad en la variedad que tiene. O sea, que no puede atribuirse a una situación concreta. Porque esa misma frase –me comentaron, yo no lo vi– fue instrumentalizada para explicar ambas situaciones: que el gobierno ha puesto de pie a Ecuador o que se han puesto de pie los contrarios al gobierno. Una frase se puede instrumentalizar y en eso creo que hay que ser muy cuidadosos. Y le agradezco la pregunta, porque es una manera de ser cuidadoso. Usted está dando un ejemplo de ser cuidadoso.

Si ustedes me permiten… Esto, como no me lo preguntaron, son cinco minutos más de concesión que les doy si hacen falta. Es muy importante en el trabajo de ustedes la hermenéutica de un texto. Un texto no se puede interpretar con una frase. La hermenéutica tiene que ser en todo el contexto. Hay frases que son justo la clave de la hermenéutica y hay frases que no, que son dichas de paso o plásticas. Entonces, ver todo el contexto, ver la situación, incluso ver la historia. Ver la historia de ese momento o si estamos hablando del pasado, interpretar un hecho del pasado con la hermenéutica de ese tiempo. O sea, las cruzadas: interpretemos las cruzadas con la hermenéutica como se pensaba en ese tiempo. Es clave interpretar un discurso, cualquier texto, con una hermenéutica totalizante, no aislada. Lo digo como ayuda para ustedes. Muchas gracias. Ahora pasamos al guaraní.

Pregunta *(Stefania Falasca – Avvenire): En el discurso que hizo en Bolivia a los movimientos populares habló del nuevo colonialismo y de la idolatría del dinero que domina la economía, y de la imposición de medidas de austeridad que siempre "aprietan el cinturón de los pobres". En Europa está el caso de Grecia y de la suerte de Grecia, que corre el riesgo de salir de la moneda europea. ¿Qué piensa de lo que está sucediendo en Grecia, y que afecta también a toda Europa?*

Respuesta: Antes que nada, la razón de mi intervención en el Encuentro de los movimientos populares. Es el segundo [Encuentro]. El primero se hizo en el Vaticano, en el Aula vieja del Sínodo. Eran unas 120 personas. Es un evento que organiza [el Pontificio Consejo de] Justicia y Paz. Yo me siento cercano a esta realidad, porque es un fenómeno presente en todo el mundo. También en oriente, en Filipinas, en India, en Tailandia. Son movimientos que se organizan entre ellos, no sólo para protestar, sino también para salir adelante y poder vivir. Y son movimientos que tienen fuerza, y estas personas, que son muchas, no se sienten representados por los sindicatos, porque dicen que los sindicatos ahora son una corporación, no luchan –estoy simplificando un poco– por los derechos de los más pobres. Y la Iglesia no puede permanecer indiferente. La Iglesia tiene una Doctrina social y dialoga con este movimiento, y dialoga bien. Ustedes lo han visto, han visto el entusiasmo de oír que la Iglesia –dicen ellos– "no está lejos de nosotros, la Iglesia tiene una doctrina que nos ayuda a luchar por esto". Es un diálogo. No es que la Iglesia haga una opción por la vía anárquica. No, no son anárquicos: trabajan, intentan hacer muchos trabajos también con los residuos, con lo que sobra; son trabajadores. Esto es lo primero, la importancia de este [movimiento].

Después, sobre Grecia y el sistema internacional. Le tengo una gran alergia a la economía, porque mi papá era contador y, cuando no terminaba el trabajo en la fábrica, se lo traía a casa, el sábado y el domingo, con esos libros, en aquellos tiempos, cuando los títulos se hacían en gótico… y trabajaba, y yo veía a papá… y me da alergia. No entiendo bien cómo es la cosa [la cuestión de Grecia], pero ciertamente sería simple decir: la culpa es solo de esta parte. Los gobernantes griegos, que han llevado adelante esta situación de deuda internacional, también tienen una responsabilidad. Con el nuevo gobierno griego se ha ido hacia una revisión un poco justa. Espero –es lo único que puedo decirle, porque no lo conozco bien– que encuentren una vía para resolver el problema griego y también una vía de control para que otros países no caigan en el mismo problema; y que esto nos ayude a ir adelante, porque esa vía de los préstamos y de las deudas al final no se acaba nunca. Me dijeron –hace un año más o menos, pero no estoy seguro; es algo que he oído– que había un proyecto de las Naciones Unidas –si alguno de ustedes lo sabe, sería bueno que lo explicase–, un proyecto por el cual un País puede declararse en bancarrota, que no es lo mismo que el *default*, pero es un proyecto del que oí hablar y no sé cómo ha ido, si era verdad o no. Si una empresa puede declararse en bancarrota, ¿por qué un país no lo puede hacer y así se recurre a la ayuda de los demás? Esas eran las razones de ese proyecto, pero de esto no puedo decir nada más.

Y después, en cuanto a las nuevas colonizaciones, evidentemente van todas sobre los valores. La colonización del consumismo, por ejemplo. El hábito del consumismo ha sido un proceso de colonización, porque te lleva a un hábito que no es tuyo y también te desequilibra la personalidad. El consumismo desequilibra también la economía interna y la justicia social, y también la salud física y mental, por poner un ejemplo.

Pregunta *(Anna Matranga – Cbs News): Santidad, uno de los mensajes más fuertes de este viaje ha sido que el sistema económico global a menudo impone la mentalidad del beneficio a toda costa, en detrimento de los pobres. Esto es percibido por los estadounidenses como una* *crítica directa a su sistema y a su modo de vivir. ¿Cómo responde usted a esta percepción? Y ¿cuál es su valoración del impacto de Estados Unidos en el mundo?*

Respuesta: Lo que he dicho, esa frase, no es nueva. Lo dije en *Evangelii gaudium*: "Esa economía mata" (n. 53). Me acuerdo bien de esa frase; hay un contexto. Lo dije en *Laudato Si'*. La crítica no es una cosa nueva; se sabe. He oído que se han hecho algunas críticas en Estados Unidos. Lo he oído. Pero no las he leído y no he tenido tiempo de estudiarlas bien, porque toda crítica debe ser recibida y estudiada para poder dialogar después. Usted me pregunta qué pienso pero, si no he dialogado con los que critican, no tengo derecho a hacer un pensamiento así, aislado del diálogo. Esto es cuanto se me ocurre decirle.

Pregunta (continuación): Ahora irá a Estados Unidos. ¿Tiene alguna idea de cómo lo van a recibir? ¿tiene alguna idea sobre la nación?...

Respuesta: No, tengo que empezar a estudiar ahora, porque hasta hoy me he dedicado a estos tres Países bellísimos, que son una riqueza y una belleza. Ahora tengo que comenzar a estudiar Cuba, donde iré dos días y medio, y después Estados Unidos, las tres ciudades del este –porque al oeste no puedo ir–: Washington, Nueva York y Filadelfia. Sí, tengo que empezar a estudiar estas críticas y luego dialogar un poco.

Pregunta (Aura Vistas Miguel):Santidad, ¿qué sintió cuando vio esa hoz y el martillo con el Cristo encima que le regaló el Presidente Morales? ¿Dónde ha ido a parar ese objeto?

Respuesta: Curiosamente, yo no conocía esto y ni siquiera sabía que el Padre Espinal era escultor y además poeta. Lo he sabido en estos días. Lo vi y para mí fue una sorpresa. Segundo: se puede catalogar como del género de arte protesta. Por ejemplo, en Buenos Aires, algunos años atrás, se hizo una exposición de un buen escultor, creativo, argentino, ahora ya muerto: era arte protesta, y recuerdo una obra que era un Cristo crucificado en un bombardero que iba bajando. Era una crítica al cristianismo que se alía con el imperialismo, representado por el bombardero. Así pues, primer punto: no sabía nada; segundo, lo considero arte protesta, que en algunos casos puede ser ofensivo. Tercero, en este caso concreto: el Padre Espinal fue asesinado en el año 80. Era un tiempo en el que la teología de la liberación tenía muchas variantes diferentes, una de las cuales era con el análisis marxista de la realidad, y el Padre Espinal pertenecía a esta. Eso sí lo sabía, porque en aquel tiempo yo era rector en la Facultad de Teología y se hablaba mucho de esto, de las diversas variantes y de quiénes eran sus representantes. En el mismo año, el Padre General de la Compañía de Jesús, Padre Arrupe, mandó una carta a toda la Compañía sobre el análisis marxista de la realidad en teología, un poco parando esto, que decía: No, no va, son cosas diversas, no va, no es adecuado. Y cuatro años más tarde, en el 84, la Congregación para la Doctrina de la Fe publicó el primer documento, pequeño, la primera declaración sobre la teología de la liberación, que crítica esto. Después vino el segundo, que abrió las perspectivas más cristianas. Estoy simplificando. Hagamos la hermenéutica de aquella época. Espinal era un entusiasta de este análisis marxista de la realidad, y también de la teología, usando el marxismo. De ahí surgió esta obra. También las poesías de Espinal son de ese género protesta: era su vida, era su pensamiento, era un hombre especial, con tanta genialidad humana, y que luchaba de buena fe. Haciendo una hermenéutica del género, entiendo esta obra. Para mí no ha sido una ofensa. Pero he tenido que hacer esta hermenéutica y la comparto con ustedes para que no haya opiniones equivocadas.

Ese objeto ahora lo traigo conmigo, viene conmigo. Probablemente usted ha oído que el Presidente Morales quiso darme dos condecoraciones: una es la más importante de Bolivia y la otra es de la Orden del Padre Espinal, una nueva Orden. Sin embargo, yo nunca he aceptado una condecoración, no me va... Pero lo hizo con tan buena voluntad y con el deseo de complacerme. Y pensé que esto viene del pueblo de Bolivia. Recé y me dije: Si las llevo al Vaticano, irán a parar a un museo y nadie las verá. Entonces pensé dejárselas a la Virgen de Copacabana, la Madre de Bolivia. E irán al Santuario de Copacabana, a la Virgen, las dos condecoraciones que he entregado. En cambio, el Cristo lo traigo conmigo. Gracias.

Pregunta (Anaïs Feuga): *Durante la misa en Guayaquil, usted dijo que el Sínodo debía hacer madurar un verdadero discernimiento para encontrar soluciones concretas a las dificultades de las familias. Y después pidió a la gente que rezase para que, incluso lo que a nosotros nos parece impuro, nos escandaliza o nos espanta, Dios pueda transformarlo en milagro. ¿Nos puede precisar a qué situaciones "impuras" o "espantosas" o "escandalosas" se refería?*

Respuesta: También aquí haré la hermenéutica del texto. Estaba hablando del milagro del buen vino [en las bodas de Caná] y dije que las tinajas de agua estaban llenas, pero eran para la purificación. Es decir, las personas que entraban en esa fiesta hacían su purificación y se limpiaban de su suciedad espiritual. Es un rito de purificación antes de entrar en una casa, o también en el templo, un rito que nosotros ahora realizamos con el agua bendita: ha quedado eso de aquel rito hebreo. Dije que Jesús hace el buen vino precisamente con el agua de la suciedad, de lo peor. En general pensé hacer este comentario: la familia está en crisis, lo sabemos todos, basta leer el *Instrumentum laboris* que ustedes conocen bien porque ha sido presentado, allí se explica... A todo esto me refería, en general: que el Señor nos purifique de estas crisis, de tantas cosas que están descritas en el libro del *Instrumentum laboris*. Es algo en general, no pensé en ningún punto concreto. Que nos haga mejores, que nos haga familias más maduras, mejores. La familia está en crisis, que el Señor nos purifique y vayamos adelante. Pero las particularidades de la crisis se encuentran todas en el *Instrumentum laboris* del Sínodo, que ya está hecho y ustedes lo tienen.

Pregunta *(Javier Martínez Brocal – Romereports): Santidad, mil gracias por este diálogo, que nos ayuda tanto personalmente y también en nuestro trabajo. Hago una pregunta en nombre también de todos los periodistas de lengua española. Hemos visto que ha ido muy bien la mediación entre Cuba y Estados Unidos. ¿Cree que se podría hacer algo similar en otras situaciones delicadas del continente latinoamericano –pienso en Venezuela y pienso en Colombia–? Además, tengo una curiosidad: pienso en mi padre, que tiene algún año menos que usted pero la mitad de su energía. Lo hemos visto en este viaje, lo hemos visto en estos dos años y medio. ¿Cuál es su secreto?*

Respuesta: ¿Cuál es su "droga"?, quería preguntar él... *[ríe]*, esa era la pregunta.

En el proceso entre Cuba y Estados Unidos no ha habido mediación. No ha tenido el carácter de mediación. Había llegado un deseo. De la otra parte también, un deseo... Y después... digo la verdad, eso fue en enero del año pasado; y después, pasaron tres meses en los que solamente recé, no me decidí... Pero ¿qué se puede hacer con estos dos, después de más de cincuenta años así? Luego el Señor me hizo pensar en un Cardenal. Él fue, habló, y no volví a saber nada; pasaron los meses y un día el Secretario de Estado –que se encuentra aquí– me dijo:

"Mañana tendremos la segunda reunión con los dos equipos". –"¿Cómo?". –"Sí, se hablan, entre los dos grupos se hablan y están haciendo…". Fue por sí mismo, no hubo mediación, ha sido la buena voluntad de los dos Países; el mérito es suyo, son ellos los que lo han hecho. Nosotros no hemos hecho casi nada, solo pequeñas cosas, y a mediados de diciembre se hizo el anuncio. Esta es la historia; de verdad, no hay más.

A mí me preocupa en este momento que se detenga el proceso de paz en Colombia. Esto tengo que decirlo y espero que este proceso salga adelante y, en este sentido, nosotros siempre estamos dispuestos a ayudar, en variadas formas de ayuda. Pero sería horrible que no avanzase. En Venezuela, la Conferencia episcopal trabaja para lograr un poco de paz, pero tampoco allí hay mediación. En el caso de Estados Unidos [y Cuba], ha sido el Señor y dos circunstancias casuales, y luego ha ido adelante solo. En cuanto a Colombia, deseo y rezo, y hemos de rezar, para que no se detenga el proceso; es un proceso que también dura más de cincuenta años, y ¡cuántos muertos! He oído que son millones. En cuanto a Venezuela, no tengo más que decir… Ah. La "droga". Bueno, el mate me ayuda, pero no he probado la coca. Claro está.

Pregunta *(Ludwig Ring-Eifel – Kna): Santo Padre, en este viaje hemos escuchado muchos mensajes fuertes para los pobres, también muchos mensajes fuertes, a veces severos, para los ricos y poderosos, pero hemos escuchado poquísimos mensajes para la clase media, es decir,* *la gente que trabaja, la gente que paga impuestos, la gente normal. Mi pregunta es: ¿Por qué en el magisterio del Santo Padre existen tan pocos mensajes para la clase media? Y si hubiera un mensaje para ellos, ¿cuál sería?*

Respuesta: Muchas gracias. Es una buena corrección. Gracias. Tiene razón; es un error por mi parte. Tengo que pensarlo. Haré algún comentario, pero no para justificarme. Usted tiene razón. Tengo que pensar un poco en eso. El mundo está polarizado. La clase media se vuelve más pequeña. La polarización entre ricos y pobres es grande. Esto es verdad. Y quizás esto me ha llevado a no tener en cuenta eso. Hablo del mundo –algunos países no, van muy bien–, pero en el mundo en general, la polarización se ve y el número de pobres es grande. Y además, ¿por qué hablo de los pobres? Porque es el corazón del Evangelio, y siempre hablo de la pobreza a partir del Evangelio, aunque sea sociológica. Además, sobre la clase media hay algunas palabras que he dicho un poco "en passant". Pero la gente sencilla, la gente común, el obrero… eso es un gran valor. Pero creo que usted me dice algo que debo hacer, debo profundizar más el magisterio sobre esto. Se lo agradezco. Le agradezco la ayuda. Gracias.

Pregunta *(Vania De Luca – Rainews 24): En estos días ha insistido en la necesidad de caminos de integración, de inclusión social, contra la mentalidad del descarte. Ha apoyado también proyectos que van en esta dirección del vivir bien. Aunque ya nos ha dicho que debe pensar en el viaje a Estados Unidos, ¿piensa tocar estos te-*

mas en la ONU, en la Casa Blanca? ¿Pensaba también en ese viaje cuando ha hablado de estos problemas?

Respuesta: No, pensaba sólo en este viaje concreto y en el mundo en general. En este momento, la deuda de los Países en el mundo es terrible. Todos los Países tienen deuda y hay uno o dos Países que han comprado las deudas de los grandes Países. Es un problema mundial. Pero con esto no he pensado particularmente en el viaje de Estados Unidos.

Pregunta *(Courtney Walsh – Fox News): Santidad, hemos hablado un poco de Cuba, donde usted irá en septiembre, antes de ir a Estados Unidos, y del papel que el Vaticano ha tenido en su acercamiento. Ahora que Cuba tendrá un mayor protagonismo en la comunidad internacional, a su parecer, ¿La Habana tendrá que mejorar su reputación sobre el respeto de los derechos humanos y, entre ellos, de la libertad religiosa? ¿Cree que Cuba corre el riesgo de perder algo en esta nueva relación con el País más potente del mundo?*

Respuesta: Los derechos humanos son para todos y no se respetan los derechos humanos sólo en uno o dos Países. Yo diría que en muchos Países del mundo no se respetan los derechos humanos, ¡en muchos países del mundo! Y ¿qué pierde Cuba y qué pierde Estados Unidos? Ambos ganarán algo y perderán algo, porque en una negociación es así. Pero lo que seguro ganarán es la paz. Eso seguro. El encuentro, la amistad, la colaboración: eso es ganancia. Lo que perderán, no soy capaz de imaginarlo, serán cosas concretas, pero siempre en una negociación se gana y se pierde. Volviendo a los derechos humanos y a la libertad religiosa, miren: en el mundo hay Países, incluso algún País europeo, que no te permite hacer un signo religioso, por diversos motivos. Y en otros continentes lo mismo. Sí, es así. La libertad religiosa no se respeta en todo el mundo; hay muchos Países en los que no es respetada.

Pregunta *(Benedicte Lutaud): Santidad, Usted se presenta como nuevo líder mundial de las políticas alternativas; me gustaría saber por qué incide tanto sobre los movimientos populares y menos sobre el mundo de la empresa, y si cree que la Iglesia lo seguirá en su mano tendida a los movimientos populares, que son muy laicos.*

Respuesta: Gracias. El mundo de los movimientos populares es una realidad; es una realidad muy grande, en todo el mundo. Lo que yo hice es darles la Doctrina social de la Iglesia, lo mismo que hago con el mundo de la empresa. Hay una Doctrina social de la Iglesia. Si lee lo que dije a los movimientos populares, que es un discurso bastante largo, es un resumen de la Doctrina social de la Iglesia, pero aplicada a su situación. Pero es la Doctrina social de la Iglesia. Todo lo que dije es Doctrina social de la Iglesia y, cuando me dirijo al mundo de la empresa, digo lo mismo, o sea, qué dice la Doctrina social de la Iglesia al mundo de la empresa. Por ejemplo, en *Laudato Si'* hay una parte sobre el bien común y la deuda social de la propiedad privada que va en ese sentido; pero es aplicar la Doctrina social de la Iglesia.

Pregunta *(continuación): ¿Cree que la Iglesia la seguirá en esa mano tendida?*

Respuesta: Soy yo el que sigo a la Iglesia en esto, porque simplemente predico la Doctrina social de la Iglesia a este movimiento. No es una mano tendida a un enemigo, no se trata de un hecho político. Es un hecho catequético. Quiero que esto quede claro. Gracias.

Pregunta *(Cristina Cabrejas): Santo Padre, ¿no tiene un poco de miedo de que usted y sus discursos sean instrumentalizados por los gobiernos, por los grupos de poder, por los movimientos? Gracias.*

Respuesta: Un poco repito lo que he dicho al inicio. Cada palabra, cada frase de un discurso puede ser instrumentalizada. Es lo que me preguntaba el periodista ecuatoriano. Justo una misma frase, algunos decían que iba a favor del gobierno y otros que iba contra el gobierno. Por eso me he permitido hablar de la hermenéutica total. Y siempre hay instrumentalización. Algunas veces hay noticias que toman una frase y además fuera contexto. Es verdad, no tengo miedo; simplemente digo: Miren el contexto. Si me equivoco, con un poco de vergüenza pido perdón y sigo adelante.

Pregunta *(continuación): Me permita una bobada: ¿qué piensa de todas esas "autofotos", "selfies", durante la misa, que se hacen los jóvenes, los niños, los compañeros...?*

Respuesta: ¿Qué pienso? Es otra cultura. Me siento bisabuelo. Hoy, al despedirme, un policía, mayor –tendrá unos cuarenta años–, me dijo: ¿Me hago un *selfie*?. Le he dicho: ¡Pero tú eres un adolescente! Sí, es otra cultura, pero la respeto.

Pregunta *(Andrea Tornielli): Santo Padre, en síntesis, ¿qué mensaje ha querido dar a la Iglesia latinoamericana en estos días? Y ¿qué papel puede tener la Iglesia latinoamericana, también como signo en el mundo?*

Respuesta: La Iglesia latinoamericana tiene una gran riqueza: es una Iglesia joven, y esto es importante. Una Iglesia joven con cierta frescura, también con algunas informalidades, no muy formal. Además tiene una teología rica, de búsqueda. Yo he querido animar a esta Iglesia joven y creo que esta Iglesia puede darnos mucho a nosotros. Digo algo que me ha llamado mucho la atención. En los tres países, en todos ellos, estaban por todas las calles padres y madres con los niños; mostraban a sus niños. Nunca he visto tantos niños, muchos niños. Es un pueblo –y también la Iglesia es así– que es una lección para nosotros, para Europa, donde la caída de la natalidad es un poco alarmante y además las políticas para ayudar a las familias numerosas son escasas. Pienso en Francia que tiene una buena política para ayudar a las familias numerosas y ha llegado –creo– a más del dos por ciento, mientras que otros países están cercanos al cero, aunque no todos. Creo que en Albania el 45 por ciento, pero en Paraguay más del 70 por ciento de la población es de menos de 40 años. La riqueza de este pueblo y de esta Iglesia es que se trata de una iglesia viva. Es una riqueza, una Iglesia de vida. Esto es importante. Creo que tenemos que aprender de esto y corregir, porque de lo contrario, si no vienen los hijos… Es eso que me preocupa tanto del "descarte": se descartan los niños; se descartan los ancianos; con la falta de trabajo, se descartan los jóvenes. Por eso, los pueblos nuevos, los pueblos jóvenes nos dan más fuerza. Para la Iglesia, que diría una Iglesia joven –con muchos problemas, porque tiene problemas–, creo que este es el mensaje que encuentro: No tengan miedo a esta juventud y frescura de la Iglesia. Puede ser incluso una Iglesia un poco indisciplinada, pero con el tiempo se hará disciplinada, y nos da mucho de bueno.

Verba volant, scripta manent

www.ingramcontent.com/pod-product-compliance
Lightning Source LLC
Chambersburg PA
CBHW022013160426
43197CB00007B/409